約束の川　目次

Ⅰ　約束の川

II　きのうの谷

III　先行者たち

I　約束の川

三月の雪

九州でのフライ・フィッシングを思いだすとき、頭のなかでひろがる最初のイメージは、黒っぽい土の斜面全部をおおうようにして咲くフクジュソウの花である。

湯布院から車で山道を延々と進み、飯田《はんだ》高原と呼ばれる広大な高原に入る手前に、ひっそりと静まりかえっている、フクジュソウの半透明の黄色の花の群れがあった。アッと声をあげると、運転していたFさんが急停車してくれた。僕は不思議な黄色としかいいようがない花の色に打たれて、斜面の下でしばらく茫然とした。車に戻ると、九州の渓流釣りの師匠であるFさんに、こんなにきれいな黄色のなかを川が流れているとしたら、そこへ連れていってもらえないか、といった。

返事をせずに、ニヤリと笑ったFさんが連れていってくれた流れのそばに黄色い花はなかった。広々とした高原の、ゆるやかな起伏に彫りきざまれたようなクリークだった。

そこで、たくさんのエノハ（ヤマメ）が釣れたわけではない。浅い、ほとんど波立ちのない流れから、苦労をしながら小ぶりの何匹かを手もとに寄せたけれども。

あとで聞いた話だが、このへんでは三月初めに山焼きをする。昔の茅場に火を入れて燃やし、夏に良い芽が出るようにするのだ。場所によってはその焼け跡に、フクジュソウが咲く。どこからかもってきてそうなるのか、自生してそうなるのか、聞くのを忘れた。

山焼きの件では、もう一つ体験がある。七、八年前のこと、岩手の宇田清さんと大分や宮崎の谷に遊んだ。そのときも師匠のFさんが案内人になってくれて、飯田高原の一角に来た。

前のときとは違う流れの土手に立つと、めちゃくちゃに寒い。高原全体が冷えこんでいる感じだ。宇田さんが灰色の空を見上げて、「ひゃあ、雪だ」といった。見れば、無数の灰色の小片が舞っている。車を最後に降りてきたFさんが、笑いながら、「いや、雪じゃない、これは近くの山焼きの灰だよ」といった。

しかし、灰を雪と間違えた宇田さんのほうがもっとも、と思うぐらい（つまり北の岩手と同じように)、高原は寒かった。釣りにならない。転進して山陰の黒川の支流に逃げこんだ。

小渓だけれども、両岸が高さをもつ土手で、流れは腰近くまである。そこで、遠慮がちに、早春のライズがあった。まず僕が川に入って、流れのど真ん中のライズを一つとった。二〇センチほどの、春によみがえった、凛としたヤマメだった。

その少し先のライズを、宇田さんが岸辺の灌木の下にフライを入れるみごとなキャスティングを駆使してとった。

いつのまにか午後も遅くなっていた。雲が切れて、黄昏の斜光が、不意に流れを包んだ。寒さはあったけれどあたりを照らしている明るい橙色《だいだい》は、たしかに春のものだった。


しかし、ずいぶん以前のことであるが、飯田高原の丸子川あたりで、三月の雪に出会ったことがある。霙《みぞれ》が雪に変わって、これはやってられない、と車に戻ろうとしたとき、釣りびとの車がやってきて、降りた人がFさんの知人だった。

バンブー・ロッドをつくっているというその人を紹介されて、帽子に雪を積もらせながら、バンブー・ロッドについて語りあったが、寒さにふるえながら、九州の山のなかでオレは何をしているのだろうという思いがなくはなかった。

これもまた別の年のこと。長湯温泉（お湯がすばらしい）に泊まった翌朝、Fさんが「ヘンなものを見に行きましょう」といって、建物の二階から川（芹川だったかな）を見下ろせる場所に行った。

旅館の建物のすぐ下に川があり、流れがコンクリート壁によって四角形に区切られた部厚い水のなかに、巨大な魚がいた。コイか？　コイらしくない形だな。あれは何だろう。Fさんは手に、コッペパンのようなものを持っている。パンを千切って下の水に投げ入れると、魚は反転してそれをくわえた。次の瞬間、わが目を疑った。反転した魚の頬から体側にかけて、桃色の帯が流れているではないか。なに、ニジマスだと。まさか。しかしFさんが千切って投げ、しまいには僕自身も投じてみたパンに食らいついた巨魚は、信じようと信じまいと、ニジマスに違いなかった。

初めは好奇心を刺激されたが、見ているうちに気持が白けてきた。おい、帰属をハッキリさせろ。お前はいつからコイ科になったのだ。ニジマスなら、ひとの与えるパンなどに見向きもするな。だんだん不快になって、その場を去った。人間がニジマスをこんなふうにする権利はない。ニジマスをこんなふうに飼いならした、いやらしいのは人間のほうなのだ、と思うしかなかった。

その日、大野川の何本か支流でそこそこのヤマメを釣ったあとで大野川本流をさかのぼったのは、そこに野生化したニジマスがいる、と教えられたからだった。朝に不愉快なニジマスの姿を見ただけに、本物のニジマスに会いたい、と一途に思ったのだけれど、ニジマスはついに出なかった。遠い山々のサクラが目に残っただけ、なんだかすごい徒労感があった。

夕暮れ近く、岡城を見に行った。高い城壁の上ではサトザクラが満開。「荒城の月」がこの城跡のイメージから作曲されたといわれている場所である。

しかし、荒涼たる古戦場の面影はなかった。南国の春満開。少し重たげな、薄紅色とそれよりさらに白っぽい花々が、かさなりあうように咲いている。黄昏の金色の光が花と花の下にいる自分を包んで、僕はどこかへ連れ去られそうだ、と思った。

別天地を求めて

夏の釣りは、とりわけ別天地を求めている趣が強い。暑苦しい世俗から離れて、別の世界にいっときでもいいから遊ぶ。夏休みなどをとって、北国の緑深い渓谷へ行こうとするのは、そういう欲求に動かされてのことだろう。

そして思惑通りに別天地に行きつけるかどうかは、保証のかぎりではない。とはいっても、五度に一度ぐらいは、ああ、これは別天地だ、と思うことがありそうな気がする。

山形県の長井市に、しゃれた都市ホテルがある。たまたまそこに泊まって、部屋の窓から見える山脈の奥の渓流に行ってみることになった。

つづら折りの山道を飽きるほどの時間をかけて車で登っていくと、そうとうな高度に達したところに大きなダム湖が現れた。山上のダム湖である。ダム湖に沿ってある舗装路を進むと、その先はこれも山上の広い盆地で、盆地のなかに一本の清澄な流れがあった。

持ってきた五万分の一の地図をひろげて、友人のBさんと二人で位置を確かめてはみたが、地図から眼前の光景を想定するのは難しかった。東西をさして高くはない山なみにかこまれている。空が広いのはその山上の盆地が思いのほか広いからだった。そこに川が流れている。そして登山小屋が一、二軒あるだけで、盆地に集落はない。

地形からいって、別天地という言葉がふさわしかった。

ダム湖の流れこみに近い下流部は、ゆったりした厚い長い流れが多く、傾斜のあるザラ瀬が長い流れを結んでいた。

川べりの樹々を通して、朝の光が流れに光と影のまだら模様をつくり、その模様のなかに二つ、三つと静かなライズがあった。フライを選ぶ必要はないだろう。勝手にそう思ってカディスの十四番を浮かべると、みっしりと肉をつけたイワナがつぎつぎにかかった。大もあり小もあり、一つの長い流れから、さまざまな型のイワナが順不同にあがってきた。

別天地の発見に心が浮き立った。一時間ほど十分に釣りをしたあと、車に戻って道具を取りだし、味噌汁とコーヒーをつくって朝飯にした。二台ほど上流へ向かう車があったが、釣りびとかどうかわからなかった。

それをまったく気にしなかったのは、Bさんも僕も、下流部のゆるやかな流れがこの先もどこまでもつづくというふうに、と思っていたからである。そして、食事のあと、また流れに戻ったが、先行者には出会うことがなかった。

午後、地図で確認した支流に入ってみると、さらに、すごいことが起こった。本流よりはうんと段差のある小渓だったが、二人並んで歩いても大丈夫な川幅があった。

Bさんが釣りあげるのを見て、僕がポイントにフライを入れる。そして僕が釣りあげたとき、Bさんはリリースのあと、また流れに向かってフライを投じている。そんな忙しいリズムで釣りをしたのは、ちょっと例が思い当たらない。それが夕暮れまでつづいた。

夕暮れまで、盆地の川で遊んだ。暗くなった山道を町に向かって下りていくと、ときどき道端でヨタカに出会った。車をとめて見ていると、道の片隅で、この大きな鳥は擬傷《ぎしょう》の羽をひろげて踊ってみせた。

新潟北部にあるその目立たない川は、また別の趣をもつ別天地だった。

小さな集落を過ぎ、三キロも行くと川は二つに分かれる。その右側の流れは五〇〇メートル先に、かなり大きなダムがあった。右側の細流を釣り場にしていた僕が、友人のNさんを誘ってダムの上の流れに入ったのは、ちょっとした冒険心と好奇心からだったに違いない。

ダム沿いの細道をぐねぐねとたどって、広い流れこみに出た。砂地の流れこみには、根元が水に浸かった樹々が林をつくっていて、朝の霧が林にまとわりついていた。しばらく上流に向かって歩くと、広い河原のなかを一筋の流れがあり、河原は白い砂利で埋まっていた。砂利といっても、拳大の石が主体で、朝の光のなかで、そこはまさに白い谷だった。三十分は釣れない、ひたすら奥に向かって歩け。ここを教えてくれた近くの町役場勤めの友人はそういった。

流れに、大きな段差がない。ゆるやかな瀬が、蛇行しながら奥へ奥へと僕たちを導いた。四十分ほど歩いてロッドを振りはじめたが、魚はなかなか出なかった。

一時間後、白い河原の、白い岩の陰からようやく一匹の魚が出た。ブルーダンにとびついた魚が半身を流れにさらしたとき、これは何だ！　と僕は叫んだ。叫んだあと、真っ白なイワナを手もとに寄せた。イワナのアルビノか（そんなものはいないけれど）、と思ってしまうほど、白いイワナだった。体全体から褐色がうすらいで、黄色味を帯びているように見えた。白点は地肌とほとんど区別できない。だから、白いイワナという以外なかった。

　僕はNさんと共に、どんどん流れの奥に進んだ。三十分に一匹、とあまり魚は釣れなかったけれど、一人五匹ずつ釣ったところで、この谷での釣りを終りにした。

日陰に座って、昼飯にした。真っ白な河原と、両岸の斜面の緑。木の緑が河原に黒い陰をつくるコントラスト。そして、見たこともない白いイワナ。魚の色は環境がつくる保護色だとしても、別世界で別の渓流魚を釣っている思いがした。


　そして、雨も別世界をつくる。

　信州のその小さな川は、入渓点がいい流れになっていたが、一匹も釣れなかった。奥へ奥へとひたすら進み、大した釣果がないまま、夕方、その入渓点に戻った。

　暑かった夏の日を雲がおおい、夕立になった。それが二十分で細い雨に変わり、やがてやんだ。このときまでまったくなかった流れがライズで湧き立った。突然、別の流れがそこに現れた、としかいいようがない。しばらくはただ茫然と流れとライズを眺め、竿を出すのを忘れていた。

　雨がつくり出す別天地は、わずかな時間で消える。だから、求めて探し出すわけにはいかないものなのだ。

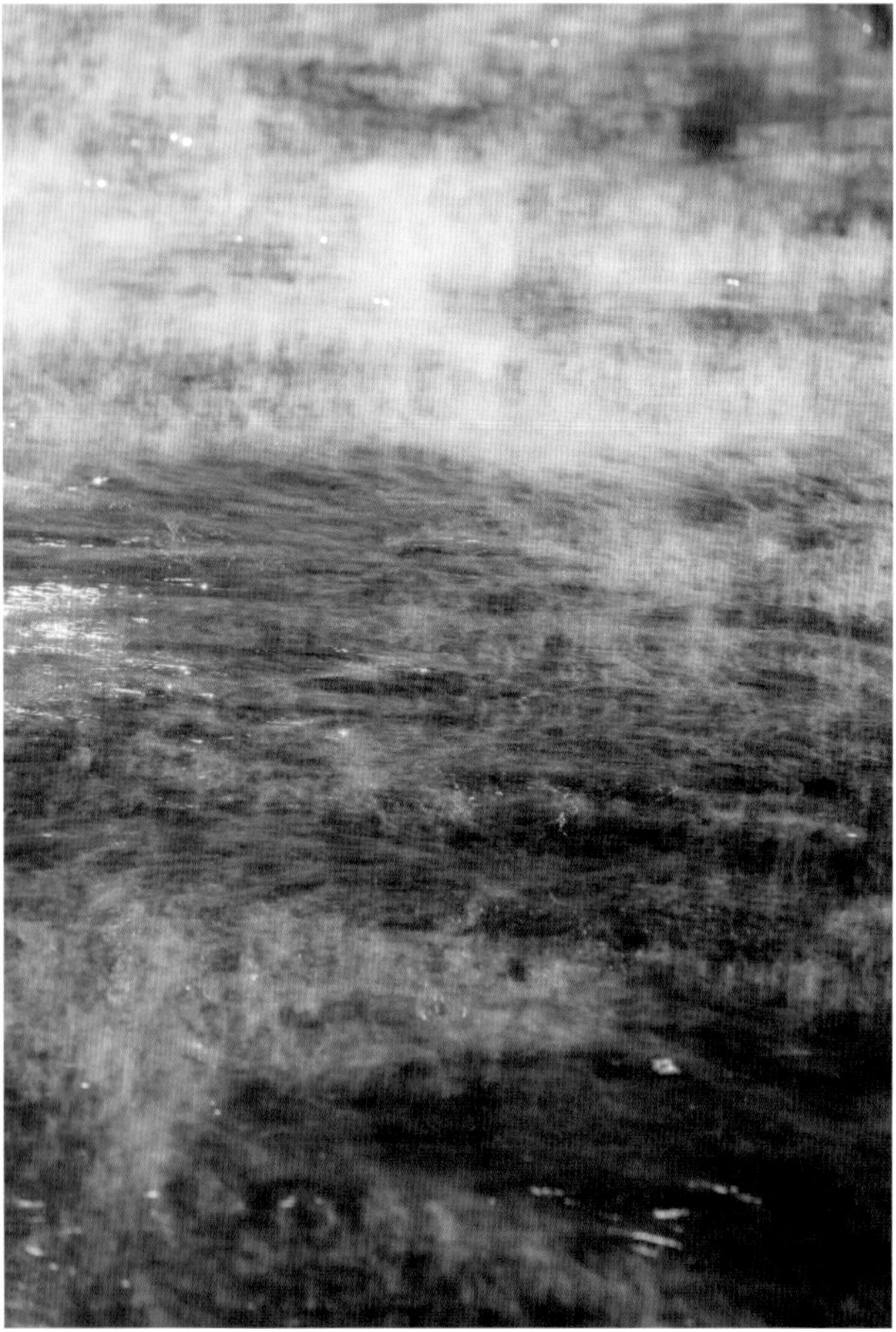

幻の川

渓流釣りのオフ・シーズンでもあることだし、少しのんびりした話から始めたい。

僕が愛読している須賀敦子のエッセイに、『アントニオの大聖堂』という一篇がある。イタリアでも名の知れたルッカの大聖堂を、アントニオという友人と一緒に見に行った話である。朝霧のなか、大聖堂の美しい姿を見たことが描写されているのだが、ずっとあとになってその姿をもう一度見たくなり、行ってみると記憶のなかの美しい姿はそのかけらもなかった、という話である。

記憶というもののあいまいさ、不安定さが、霧がかかる光景になぞらえて語られている。そしてこのエッセイを思い浮かべるたびに、僕の頭のなかに、必ず現れる渓谷がある。その谷は、あったのかどうか、しまいにはハッキリしなくなる。

新潟の阿賀野川の大支流の一つ、T川の支流のそのまた支流。案内してくれたのは新潟の友人のHさんだが、当人もその小さな流れには初めて入るのだ、といった。

そこまで行くと、もう地図を見ていなかったから、谷の名前もわからないまま。秋近い一日、他の川でも竿を出してきたので、そこに到着したのは午後三時頃だった。落差があまりない、穏やかな流れで、ただ両岸はかなり急峻な崖。左岸側に林道がついている。樹々の緑は、晩夏の陽射しを受けて艶っぽく輝いていた。

忘れられている流れだったのだろうか、魚はよく出た。ヤマメとイワナの混棲で、ヤマメのほうが少し多い。Hさんと交互に釣りあがって、高さ二〇メートルほどのその滝にぶつかったときは、二人とも十分に釣って満足していた。時計を見ると五時過ぎ、そこで釣りをやめてもよかったのである。

半ばそのつもりで、滝から少し戻って直登できる場所を見つけ、灌木の幹や枝につかまりながら左岸の林道に出た。かつては車一台が通れるほどの道だったようだが、いまは草におおわれた山道になっている。

林道に立って、「せっかくだから滝の上を見るだけ見ようか」と僕がいうと、Hさんは当然という顔で頷いた。

山道をつたって、滝の上に出た。そこは荒涼とした秋がひろがっているような風景で、呆然とした。

山道は滝の上で途絶えて、幅五メートルほどに狭くなった流れを、ススキの原っぱが取り囲んでいた。流れは、狭くなったぶんだけ水が厚く流れ、両岸は小さな土手をもっている。滝の下とはまったく別の風景があった。

何よりも、どこまでもつづいているようなススキの原野に圧倒された。穂をひらいた白と茶のススキの原がゆるやかな斜面を登っていき、あまり高くはない稜線につながっている。一面のススキで、遠くのほうは暗くかすんでいる。

雲が空の高くにかかり、夕日は稜線の陰に入っている。白と茶の広大な台地のひろがり。薄闇の遠くが揺れて見えるのは、ススキの穂に風がわたっているせいか。

釣りをする気分はなぜかなくなっていた。風景も川も、見たくなかった。それでも、仕方なく、小さな土手のような場所に立ってロッドを振った。ドライ・フライに仕立てたマドラー・ミノーに、二〇センチほどのイワナがすぐに飛びついた。手もとに寄せると、ハッとするほどイワナが赤っぽかった。流れの両岸の赤い土の色にそっくりだったのだが、赤い魚体は、ひたすら気味が悪かった。

そんなふうに、突然に出現した秋のススキの原野と、そこを蛇行する赤い小川の赤いイワナが記憶に残った。「戻ろう」というと、Hさんは黙ってうなずいた。

あのヘンな流れにもう一度行ってみようと、僕がHさんにもちかけたのは、気味悪さが少し薄れた三年後である。あまり気乗りしないHさんの車で支流の支流を探したが、どういうわけか行きつけなかった。

僕は自分が幻を見たのではないかと恐れ、何度もHさんに確かめたりした。Hさんは奇妙な風景だったね、と保証してくれるのだが、僕としては時がたつにつれて、あれは幻ではなかったか、という思いが強くなるのだ。

風景全体、流れ全体ではなく、切りとられた一枚の絵のように、記憶のなかで輝いている映像がある。しかし、それがA沢であったかB沢であったか、どこの一部だったのかはっきりしないのだ。これもじつにまどろっこしい。

年で忘れっぽくなっている？　それは認めるにしても、これは去年の話なんですよ。去年の、忘れようのない、四国は仁淀川上流での体験なのだ。

集落のはずれ、流れの幅が少しずつ狭くなって、一〇メートルもあるかないか。あたたかい春の日が、夕暮れどきの斜光になって、流れの半分は薄暗い流れのなかにある。対岸の上のほうは夕日のなかで橙色に輝いているが、斜面の下の部分は翳りをおびて、その翳りが流れにも溶けこんで、水面は見やすくないのだ。

エルクヘアー・カディスの十二番を投げる。これならば、見逃すことはない。たてつづけに、アマゴがかかった。一五センチから二〇センチほどの小ぶりだが、夕暮れどきのせいか、みな動きが活発だ。

一匹だけ、これは大きいぞ、と思うのをかけた。手もとに寄せると、アマゴではなくヤマメ。混棲だからそれはいいのだが、二五センチほどのこのヤマメは、体側にサクラ色がにじんでいて、産卵期のそれに見まごうような色あい。流れには、さっきからヤマザクラの花びらがしきりに流れていて、あの花びらを食べたせいかと一瞬思い、すぐに自ら苦笑するしかなかった。

四国でこそ味わえる、穏やかで花やかな春の夕暮れ。にもかかわらず、あれが仁淀川上流のどの支流だったのか、連日同じような流れを駆けめぐったせいで、記憶の霧がかかってしまっているのだ。流れの部分だけの映像が一枚の絵として頭のなかに生きている。その一枚の絵に至る前後の時間の記憶が欠け落ちているから、生き生きとしている分だけ、かえって気持がわるい。どうしたら、そんな記憶から解放されるのか、いまだにわからないままなのである。

養沢の春

ここ数年、梅の花の咲く頃に養沢（東京都あきる野市）へ遊びに行くようになった。養沢《ようざわ》毛鉤専門釣場というのが正式名称のようだが、東京近辺で最も古くからあるフライ・フィッシングと和式毛鉤専用の管理釣り場である。

三月中旬から下旬あたりに、流域のそこここに、梅の花が満開になり、春の気配がただよう。秋川の支流である養沢は多摩の山ひだにある小さな渓流だから、周辺は梅が咲いていてもけっこう寒い。その寒さのなかで春の気配を感じながらその年で初めてのロッドを振る。シーズン初めのトレーニングのつもりである。

相棒がいる。アウトドア系の服飾デザイナーのMさん。忙しい人だけれど、手軽に行ける山里の、さきがけの春に遊ぶのが嫌いではないらしく、ウィークデーの一日をつごうしてつきあってくれる。

よく知られているように、養沢は自然の渓流を管理釣り場に仕立てたところ。ニジマスが主体だが、ヤマメの数も多く、ほかにブラウンやブルックも入っている。魚体の整い方もまあまあ。まあまあというのは、なにしろ入る人が多いので、天然ものと比べるべくもない。でも、ヤマメなんかは、けっこうきれいだ。

僕は一昨年あたりから、ドライのミッジと小さめのソフト・ハックルだけを使って、ヤマメ釣りにマトを絞るようになった。天候にもよるけれど、できるだけ穏やかな晴天になりそうな日を選ぶから、うまいぐあいにドライ・フライで通せることが多いのだ。

見えにくいミッジを少し流速のある流れにのせて、出てきたヤマメが二五センチぐらいだったりすると、いかにもトレーニングしているような気分になる。春になりかけているのだな、と思う。

しかし、見えにくいミッジの訓練をする以前は、多くのフライ・フィッシャーと同じように、ニンフとウエットでけっこう苦心していた。ある人のフライからヒントを得て、ダーク・ブラウンのウエット・フライを巻いて、それがバカ当たりしたことがあった。

一投一尾という感じでニジマスがかかった。あまりに釣れるので、早々に釣りをやめ、五日市の蕎麦屋で快挙を祝ったほどである。ところが翌年、同じフライを使って、ほとんど反応がない。前年の快挙は、夢か幻か。管理釣り場にもそれなりの難しさがある、とつくづく思った。

しかし、ずっと昔、釣りをはじめてまもない頃の養沢は、フライを神経質に選ぶ必要なんかなかった。急いでつけくわえていうと、七〇年代後半にも五年ほど、春になると養沢で遊んでいたことがあり、いつのまにか行かなくなっていた。そしてこの数年、また養沢行きが復活しているのである。

昔の話だけれど、ドライではブルーダン、ヘンドリクソン、マーチ・ブラウンの十四から十六番で十分釣りになった。どうしても釣れないときは黒のウーリー・マラブーを沈めると、果てしなく中型のニジマスがかかるので、やがて飽きてしまったのを記憶している。

昔は養沢の流れそのものが、今よりずっと豊かで美しかった。岸辺の青草をひたしながら流れる光景は、とくに春のものだったけれど、僕はそれなりに魅せられた。いつだったか、田渕義雄さんと一緒に行く機会があり、彼がわざとポイントから距離をとってロング・キャストをして楽しんでいる姿を今でも覚えている。美しい、鋭角的なループがほどけるのを、僕はうっとりと眺めていたものだった。

養沢は、アメリカ人弁護士のトマス・ブレークモアが、滞日のつれづれに村から借りるかたちでつくりあげたフライ・フィッシングのエリアである。七〇年代後半には、ブレークモア時代の面影があの流れにもまだ残っていたようである。


僕はニジマスの管理釣り場、とりわけ池にニジマスを放してあるのは、長いこと苦手にしていた。ずっと行くことはなかったし、今でもシーズン中に行くことはない。ところが何年か前の秋十一月、なにかの拍子に、としかいいようがないのだが、岩手の宇田清さんや高橋啓司さんと一緒に、宮城は蔵王のふもとにあるその手の管理釣り場に行ったことがあった。それで管理釣り場の面白さに目覚めた、というほどではないが、これにはこれの楽しみ方があるのだな、と思うようになったのである。

宇田さんや啓ちゃんのような、一騎当千のフライ・フィッシャーがけっこうムキになってやっても、最初から楽々と釣れるわけではない。

しかし、当たりのフライがあることはある。それをフライ・ボックスのなかから見つけ出すのが一苦労。見つけた、となると、仲間からなるべく遠く離れたところに陣取り、水面がガシャガシャと波立ちつづけるほど釣りまくる。なにしろ、五〇センチ以上のニジマスで、しかも冷たい水のなかにいて元気がいい。

啓ちゃんなどが当たりフライを見つけると、際限もなく醜く水辺が波立ち揺れるから実にハタ迷惑なのだけれど、こっちだって当たりフライを見つければ仕返しができるのだから、ムキになって釣りに集中する。集中できれば、それが楽しくなる。

僕が六〇センチ超えの大物をかけ、「宇田さん、タモタモ！」と叫んだ。宇田さんは池に備えつけの大きなランディング・ネットをかついで、春の晴朗な一日のように穏やかにニコニコと笑いながら、何と僕の立っている場所と反対側にそれを持っていくではないか！

かくして僕は、邪気のない笑いには用心、という教訓をはからずも学ぶことになる。管理釣り場ならではの楽しい学習といえようか。

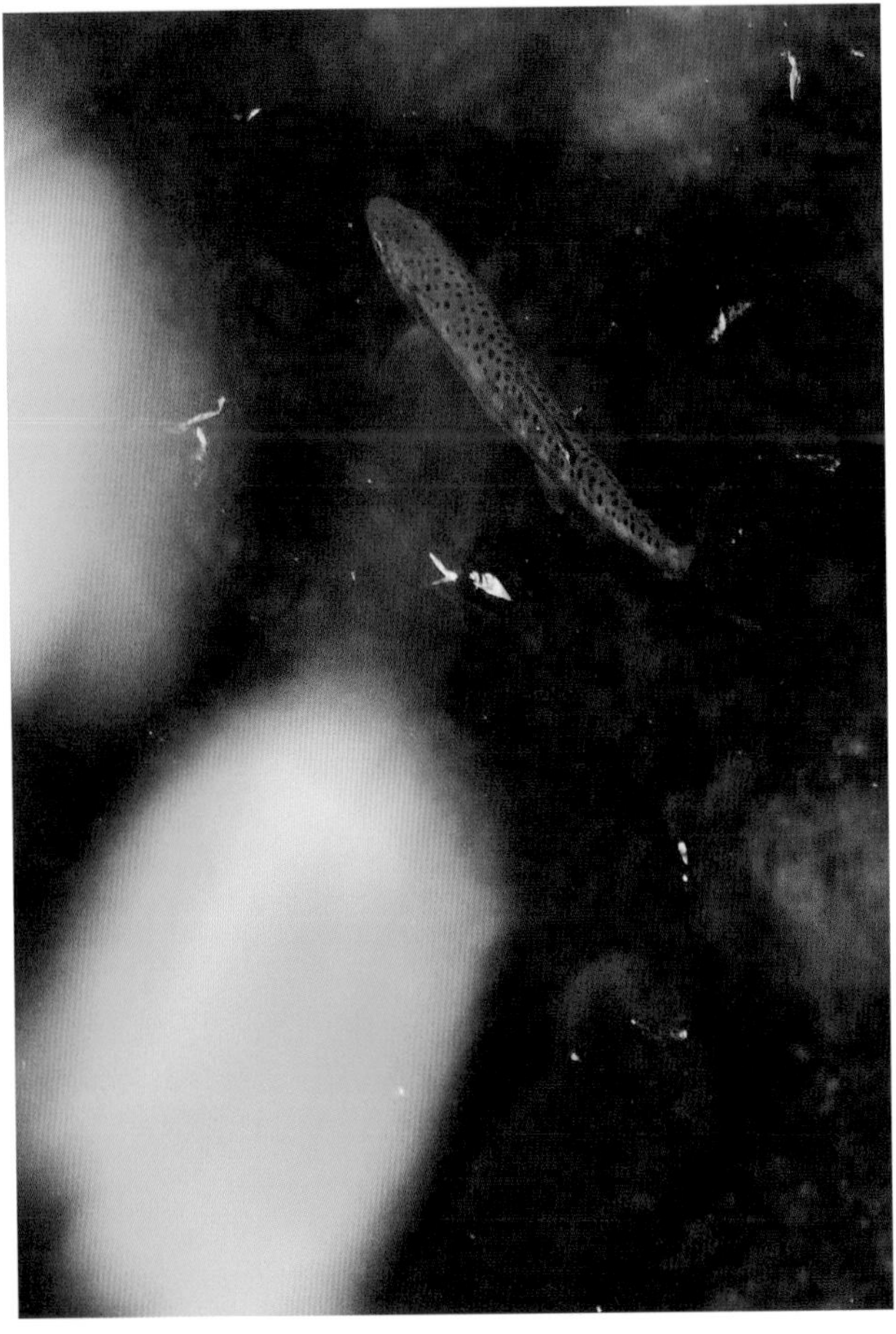

夏の川のかなた

夏の川は、いつも光のなかの断片のようなかたちで記憶されている。

キラキラ光る波と白泡の動きのなかから、ヤマメがフライをくわえた口から現れることもある。大きなプールの一隅で、緑色を身にまとって流れるともなく流れている水の面に、何度フライを投じても反応がない。その緑色に輝く水の広がりが、僕にとって夏の川であったりもする。

もう十年以上になるだろうか。山形県は米沢市のホテルに泊まって、数日渓流で遊んだことがあった。一日目、米沢からさほど遠くない本命の谷で、まったくの貧果。せめてもの慰めとかいって、同行の友人Bと、米沢牛のスキヤキをつつきながら、さて明日はどの川に行こうかと、思案の末に出てきたのがT川だった。

釣り場ガイドの本で川の名を記憶していて、手持ちの地図をひろげて行く道筋を確かめた。

翌日は、朝早くから光まぶしい夏空が頭上にあった。地図を見ながら川沿いの道をたどっていくと、予想をしていなかったのだが、大工事現場に出た。立ててある看板を見ると、T川と支流との合流点付近に大きなダムを建設中らしい。完成まで数年かかる。

ダムの工事現場というのは、謎めいた抽象画のように見える。山の斜面が大きく均一に削られて、その斜面を芝生がおおっている。規則正しくぐるぐると曲った道がつけられてはるかな頂上に向かっているいっぽうで、斜面のいちばん下部に、直線を引いたような砂利の道が山襞の奥に向かっている。

Bが運転する車は、人工の抽象画のなかを、何か試練を受けるもののように進んだ。進むうちに不意に自然が回復した。川の流れを右手に見ながら、七月の緑に囲まれた林道になった。二十分走ると、別の世界が出現した。

川の名前と同じ名の最終集落。大きな平地がひろがって、空もまたひろい。五十戸ほどの家並みのあいだをそこだけは舗装した道が通っているが、集落は沈黙のなかにある。家の半数ほどに人の気配がない。離村が急速に進んでいると思われた。

川は東側のゆるやかな傾斜をもつ山すそにあった。集落に入るあたりに、三メートルほどの低い堰堤がある。その下は石の多い河原がひろがっていて、流れが浅い瀬になってつづいていた。集落から近いのに、人影がなく、夏の朝の光のなかに、忘れ去られたようなきらめく流れがあった。

すぐに大型のヤマメが出た。僕は十四番のエルクヘアー・カディス、Bはいつものブルーダン・パラシュート。広い河原に二人並んで立ってロッドを振ると、ほとんど同時にヤマメが出るということが何度かあった。

流れの底は、ところどころ、赤い岩盤のナメがあった。そのせいではないだろうが、ヤマメの頬にはうすい紅色が刷かれていた。Bと二人、声をあげることもなく、黙って大型のヤマメをかけては水に戻しつづけた。

時折、ロッドを振るのをやめて、Bの姿と彼の立つ流れを眺めた。夏の日がすでに高くなって、Bの姿も、河原の石も、流れる水も、光のなかで揺れた。

それでもヤマメは釣れつづけた。どうしてこんなことが起こるのだろう。風景が揺れるような暑さにつつまれて、ヤマメがフライに応じている。一・五キロほどそれがつづいて、流れが道に接近するところで、ひとまず道端にあがった。

道端の、おそらく誰かの畑の名残なのだろう。一列に並んだタチアオイの赤と桃色の花がまっすぐに立っていた。

釣りはひと休み。Bの車で、川の西側にある村のようすを見にいった。川に入る前に一度だけ村のなかの舗装道路を通りぬけた、その時の印象がまちがっていないことを確認したようなぐあいだった。五十戸ほどの村には、ほとんど人影がなかった。ほとんど、というのは、二人のお婆さんの姿を遠くから見たからである。

村を貫いている舗装道路から、西側にゆるい斜面が立ちあがっていて、その斜面がはじまるあたりに、小さな家がポツンポツンとあった。老婆の姿を、その小さな家の入り口あたりに見かけた。Bが車をUターンさせてもう一度そのへんに戻ってくると、老婆の姿はかき消すようにない。さっき見た、と思った老婆の姿が、まぼろしだったかのように思えてしまう。しかし、あれがまぼろしでなかったとすれば、僕はこの寂れはてた村で、二人のお婆さんを見た、というしかない。

過疎の村は、そんなふうに、たまたまそこに足を踏み入れた者にとっては、恐ろしいような姿をしていた。

渓谷のずっと下流のほうで大きなダムをつくろうとしている。地形を変えてしまうような大がかりの工事のいっぽうで、村から人びとが一人二人と抜け、過疎村はやがて遺跡のように建物が残るだけになるだろう。それが、僕たちの文明がつくりあげているものの姿なのだ。

もう一度、流れのほとりに戻った。

釣ってやろうという気は、もう消えてしまっていた。それでも釣り師の習性というのは恐ろしいもので、僕たちはさっき川から上がった地点からもう一度ロッドを振りはじめた。午後も遅い夏の日の斜光のなかで流れはきらめき、きらめきを破るようにヤマメとイワナが現れた。少しずつ上流に進むにつれて、明るい色をしたイワナが多くなった。

見捨てられたような村はずれの流れには、魚たちが群なして遊んでいるような豊かさがある。しかし、僕たちはこの豊かさを楽しむことができるのだろうか。Bと共にその流れに足を運んだのは二回、それ以後、Bも僕も、あの流れに行こうとはいわなくなった。

花のおもかげ

この数年、春に四国の谷へ行くのがならわしのようになってしまった。

なぜなのか。必ずしもアマゴ（あるいはヤマメ）がよく釣れるわけではない。どちらかといえば、東北や北陸の春の谷で釣るほうが、数も多いし型もいい。それなのに、四国の谷へ行きたいと思う理由が、一昨年の春の釣りで、「ああこれなんだ」とつづく納得できた。

行ったのは四月二十日頃だったが、吉野川の支流も仁淀川の最上流でも、そこにはまさに花の谷があった。

村里の近い流れでは、ソメイコシノはすでに散っていたが、サトザクラが絢爛《けんらん》という風情で満開。さらに少し谷の奥に入ると、そこここでヤマザクラの薄紅色に体が包まれた。春がここにある。そう思いながらロッドを振りつづけた。一五センチから二

○センチの、朱点が可憐なアマゴを時折手にすると、何か途方もなく貴重なものを手にしている気分になった。春の谷の魔法にかけられていたに違いない。

春の谷の魔法。たしかに、四国の春にはそれがある。行く時期が少し早すぎたり、行く場所が石鎚山《いしづちさん》直下だったりすると、その限りではないのだが、一昨年のように時期と行く場所がうまく合えば、サクラの花びらの一枚一枚が春そのものであるのを、一身に感じることができるのである。そして「水温む」流れで、よみがえった宝石のようなアマゴを手にすることができる。

もちろん、なじみ深い東北の谷だって、時期がくればサクラは咲く。しかし、いつもではないにしても、サクラの花のまわりにはまだ立ち去らない厳しい余寒があることが多く、春に包まれてヤマメやイワナを釣っている感じがしない。むしろ、ヤマメやイワナが毛鉤を追って姿を現すから、春が立ち返ったのだな、とようやく思うことができるのである。

年を重ねたせいだろうか、谷で春に包まれたいという気持が強くなった。そういう釣りびとにとって、春の四国の谷は誘惑のようにそこにあるわけだ。

そんなふうに谷と花々、釣りと花々について思いをめぐらせてみると、東北の谷では、夏の先がけとなるような花のほうがイメージとして目に焼きついている。新潟以北の谷は、釣りびとから見るとやはり晩春から初夏にかけてが、魅力的なのだ。

新潟の最北部に、かつて「秘密の谷」として大切にしていた小渓があった。秘密がなぜバレてしまうのか、決定的な理由がよくわからないのだけれど、とにかく数年前から釣りびとの影が多くなって、「秘密の谷」は釣れない谷に陥落してしまった。しかし僕は十年ぐらいその小渓を楽しんだのだから、まずはよしとしなければならない。

車でその谷に向かうと、道の両側に丈高いキリの木が現れて、時期がかなっていれば紫の花が迎えてくれた。迎えてくれた、というのは言葉のアヤでいうのではない。かなり長い距離、ずっとキリの花が絶えずにあって、最後の集落にも目印のようにあの円錐《えんすい》花序《かじょ》の紫があったから、それにみちびかれてその小渓にたどりつくのだった。谷は里山のいちばん山奥にあったのである。そして、キリの花の咲く時期が、ヤマメやイワナの活性がいちばん高く、はずれるということがなかった。

山村の集落では、おそらく女の子が生れるとキリの木を植える、という風習が長くつづいたのである。キリの大木は、大切に伐られて、嫁入りの箪笥《たんす》になったりしたのだろう、桐箪笥という言葉があるように。その習俗がなくなった今は、ただ花が道の両側を飾っている、というだけになった。

キリは人の暮らしに密着している木だけれども、僕は人の暮らしとあまりかかわりなく、谷の奥にひっそりと咲いている、木々の白い花も好きだ。

たとえばこれも円錐花序のトチの花。あの白い花は、谷筋にひっそりと咲いていてフライ・ラインの先に不意に現れたりする。びっしりした花をつけたトチは、なにか雄弁に語りかけてくるようだけれど、なにを語りたいのか、よくわからない。

僕はしばらく花をながめ、意識を谷の流れのうえに戻す。そして谷と無言の話を交わし、話がうまくいったときは、橙黄色《とうこうしょく》に光るニッコウイワナの大型を手にしていたりする。トチの花の下には、きっといいイワナが棲んでいる、などと勝手な物語をつくって、ひとりで悦に入っているのだ。

山の樹木には、白い花が多い。葉がトチに似たホオノキは大きな白い花を同じ時期に咲かせる。ミズキも白い花で谷をハデにいろどるし、あの秋には真っ赤な実をつけるナナカマドも、緑のなかに白い泡のように見える花をつける。近頃は街路樹にも用いられるようになったヤマボウシの花も、谷が瞬時白く輝くようである。

谷筋の樹木の花は、いかにも渓流釣りの盛期を思わせるし、僕たちの目を慰めてくれるけれど、釣れるときは慰められる必要もない、ともいえる。釣れなかった日の、長い林道の帰り道に、白い花を見て、「でも、まあ、いいいか」などと心のなかで呟くのである。

白い花といえば、いちばん目に焼きついているのは、ヤマナシの花である。大木のヤマナシは、木の全体が白く泡立っているみたいに豪壮に咲く。あの白い泡立ちは、やがて滝になって地上に流れ落ちてくるのではないか？

石川県の白山麓一帯は山奥に集落があったり、焼畑の出作り小屋があったりするが、集落の入り口、また小屋の背後に、目印のように立つヤマナシの花に、何度目を奪われたことか。

ヤマナシの木の下にはたいてい人の営みがある。だから白く泡立つ花には、どこかいいようのない懐かしさがある。そんなふうに谷や山で出会う花はひとつひとつが忘れられない面影をもっている。

鳥のいる水辺で

魚が釣れない日にかぎって、流れの周辺にたくさんの鳥が姿を現す。いや、ホントはそうではなく、釣れないから目が流れから離れて、周囲の木立に向かうだけのこと。釣れない日、枝にとまったジョウビタキを指しながら、仲間とそんな話をしたことがあった。

しかし、もっとホントのことをいえば、釣れない日も釣れる日も、この羽をもつ生きものを目にするのは、灯《ともしび》がポッとそこにともるような慰めだった。

岩手県の名川の陰に隠れたようなその小渓にしばしば足を運んだのは、一人で遊ぶことが多かった一九八〇年代の後半ぐらいだった。

一人で遊ぶにはぴったりの、三キロぐらいつづく小さな流れであるのが気に入っていたが、くりかえし行って飽きなかったのは、鳥たちとの出会いが楽しかったからでもある。

あとで考えてみると、初めて行ったときから、ほんとうに鳥が多かった。谷への野道に入ると、しばらくは両側に小さな田んぼがつづき、それが尽きると、もとは耕地だったにちがいない、草っ原に出る。草っ原のなかにポツンポツンと三メートルほどの木が立っていて、そのてっぺんに全身をさらしてウグイスが鳴きしきっていた。

ウグイスは声こそしょっちゅう耳にするけれど、姿を見ることはめったにない。しかも全身を無防備にさらしているのだから、僕はわが目を疑った。ウグイスはどこか別のところで鳴いていて、僕がいま目にしているのは別の鳥ではないか。半分は本気でそんなふうに思って、しばらく足をとめて、姿をさらしてはばからないウグイスを見つづけたのだった。

先に進んで、小さな流れに下りる。

両側はほぼ土の壁で、灌木と草でおおわれているが、右岸の少し上部に草の径《みち》が通っている。ただ流れのなかは適当な岩や礫が敷きつめられていたから、イワナ（のほうが多い）もヤマメもまずは落ち着いて生きのびていた。

そして、両岸の樹木の枝、ときには流れの上に差し出された枝に、さまざまな鳥が姿を見せた。とりわけうれしかったのは、オオルリがこのへんを棲みかにしているらしく、少し離れたところで鳴いていたのが、すぐ頭上の枝にまで移ってきて、あのみごとなルリ色をきらめかせたことだ。

ここで初めて見た鳥は、キレンジャク、センダイムシクイ。この二つは写真に撮って（ボケていたが）、あとで図鑑で調べた。

困ったのは、キャスティングの最中に、キセキレイにまとわりつかれたことである。

五メートルほどラインを飛ばすと、リーダーの先端についたペールイブニング・ダンなどをキセキレイが追うそぶりをした。

よく、こんな「らしくない」フライを追うねえ。そう呟いて、僕はさらに不様な、大きなカディスにフライを替えたりした。しかしまあ、鳥が釣れることはなかったけれど。

その谷をあとにするのが夕暮れだったりすると、ホトトギスがキョッキョッキョッと鳴いて送ってくれた。釣りに充ち足りて帰途につく者にふさわしい、澄んだ声の挨拶だった。

山形は庄内地方のはずれにある川のほとり、バス停のある雑貨屋の前で、冷たい飲みものなど買ってうろうろしていた。八月の午後四時ぐらいだったろうか。雑貨屋のへんは二、三本の木に囲まれていて、ちょっと涼しい。開けてある戸口を出たとき、異様なものを見た。大きな鳥――といってもハトより小さいぐらい――が、木の高みから飛び出してきて、道の反対側にある百日紅《さるすべり》のなかに突っこんだ。出てきた鳥は、両足でスズメをかかえ、一度地上に下り、両足でおさえたものをくちばしで叩くかして飛び立ち、視界から消えた。

バス停のボロボロの長椅子に大きな風呂敷包みを置き、その隣に腰かけていた老人が、「スズメタカだな」と、ちょっと興奮した声でいった。

僕はウワサに聞いているツミ（あるいはハイタカ）の姿を初めて見た。見たどころじゃない、人の前でスズメを狩る姿を目にしたのである。なんだかすごく意味のあるものを観察したような気になった。これでよし、きょうのイワナの不漁はあきらめて、早めに温泉宿に帰ることに決めた。

あとで図鑑等で調べてみると、俗にスズメタカと呼ばれるのはハイタカ、とある。僕の見たのは白い眉斑がなかったから、ツミだったと思う。ツミだってスズメを獲るんだから、スズメタカと呼ばれていいんじゃないか。いまでも勝手にそう思っている。

夏の渓流釣りの終りに見る鳥として、いちばんふさわしいのは何か。僕はなにがなんでもヨタカ、と決めている。

秋田の檜木内川《ひのきないがわ》水系の奥の奥まで入った日があった。日並がよかったのだろう、まずはいい釣りができた。イワナは尺モノが三匹あがったし、初心者の友人と僕で、幅広のいいヤマメを一匹ずつかけた。

しかし、釣れたのをいいことに、深追いしすぎたのである。友人のKさんが車で迎えに来てくれる場所まで、林道が遠かった。

薄い闇が林道に下りてくる頃、道端の小さな空地に、鳥が羽搏《はばた》いた。

ヨタカだった。ヨタカが、羽の白い内側を見せて、ゆっくりと舞っている。擬傷《ぎしょう》の舞だ。前にも見たことがあるので、すぐわかった。近くに幼鳥がいるのか。自分が傷ついているふりをして、注意を一身に集め、子供の危険を避ける。それが有効かどうかわからない。しかし、ヨタカのこの不器用な動きは、夏の釣りのエンディングとして悪くない。

ニジマスがいる

日本の渓流魚といえば、ヤマメとイワナ。僕がフライ・フィッシングをはじめた頃はそう決まっていて、ニジマスは入っていなかった。いまは北海道が渓流釣りの絶好のフィールドと考えられるようになり、それにつれてニジマスがあたりまえのように渓流魚のひとつになっている。

そればかりじゃない。渓流のニジマス釣りがいちばん好き、というフライ・フィッシャーが、僕のまわりにもけっこう多いという事態になっている。では、自分自身とニジマスの関係はどうであったか。これを機に、わがニジマス物語をたどってみようと思いたった。

最初に野生のニジマスに出会い、その魅力を知ったのは奥日光のS湖だった。作家の開高健さんがどこからか特別許可を得てきて、湖でルアーとフライに興じた。開高さんもルアーに熱中してまもない頃、僕はフライをはじめて三年くらいだったか、とにかく釣りの魔法が心と体にじわじわと浸透している時期だった。

湖のニジマスは自然繁殖のサイクルに入っていて、大きくはないけれどその姿はとびきり美しかった。大きくならないのは、そこが貧栄養湖であったからである。つまり水がきれいすぎて、ニジマスの餌になる小魚のたぐいがあまり育たないのだった。

手こぎボートに腰かけて、頼りないキャスティングで、頼りないロイヤル・コーチマンを岸辺近くの水面に浮かべると、襲いかかるという感じでニジマスが身をくねらせた。そしてしばしば空中高く飛んだ。そのとき目にする紅色の帯は、いのちの躍動をつたえるかのようで、空にかかる虹よりもずっと心を奪われた。

三〇センチ以上のものが釣れると、山小屋での夜食の材料として、借りてきた魚籠に入れた。夜に食べる切り身の空揚げはめったにないほどうまかった。しかし三日もつづくとなんだか飽きてきて、肉が食べたいと思ったりしたのは、贅沢というより若さのせいだったのではないかと、いま苦笑しながら思うのである。

あの湖での春と秋の釣りは、六年ほどつづいただろうか。それでもニジマス釣りといえば、この湖に限られていたのは、ニジマスが自然繁殖している谷を知らなかったからである。いや、熱心に探せばその当時でもあっただろうが、イワナ・ヤマメの釣りだけで十分忙しかったのだ。

その頃、一度だけ、兵庫県と鳥取県の国ざかいにある氷ノ山の山すそで、不思議なニジマス釣りをしたことがある。関西在住の某氏が、ニジマスが自然繁殖している谷があるといって、連れていってくれたのだった。

斜面全体が見渡すかぎりのススキ原。そのススキ原の中腹を割るように林道が走っていて、車を進ませると細い流れに行き当たった。ここから流れに入る。自分は上流に行く、君は下流をやれ。しばらく下れば、流れは五メートル幅ぐらいになるから、フライでも十分やれるはず。某氏がそういったので、僕は半信半疑で下流に向かった。

半信半疑、というのは、ひとまたぎともいうべき、こんな狭い流れにあのニジマスが自然繁殖しているなんて、僕のそれまでの知見では考えられなかった。

しかし、ニジマスはいた。いたどころか、ほとんど一投一尾という感じで、どんどん釣れた。大きさは多くが二〇センチほど、ごくまれに二五センチほど。ほとんどヤマメという感じで、ポイントからはむろんのこと、ポイントとは思えないようなチャラチャラした薄い流れからも魚は顔を出した。フライを選ばずに出てきた。

一キロ近く谷を下りながら釣ったが、あまりに単調な釣りにめずらしく飽きたような気分になって、早々と入渓点に戻った。

釣れた魚はヒレがピンと張って、黒点をちりばめたきれいなニジマスである。しかし、全部が同じ型、つまり判で押したように小さい。高原の見捨てられたような流れに、いつかニジマスが放流され、それが渓流魚として生きのびて、ニジマスの王国をつくった。

そうだとしても、これはなんと小さな王国であることか。もしかすると、ニジマスがニジマスであることを失いかけているのではないか。そんな思いが残る、不思議なニジマス釣りだった。

山形県の過疎村を流れるある小さな流れのニジマスは、同じく小さな流れに棲むものだったが氷ノ山の魚とはようすが違っていた。

流れの最上流部にかつては栄えたらしい村があり、その村のはずれにわりと流れの激しい山岳渓流があった。イワナがいそうだ、というので集落跡地から野道をつたって谷へ下りた。

ロッドを振ってみると、二匹に一匹はニジマスで、このニジマスは大きく（といっても三〇センチ以内）、とてつもなく元気がよかった。幅四、五メートルの流れであばれまわり、勢いあまって岸辺の砂地に身を乗りあげる、という激しい動きだった。

同じ小渓流に適応したニジマスといっても、流れの位置や条件で、これほど違いが生じるのである。

その流れから車でそう遠くない庄内の川で、僕は昔からヤマメ釣りを楽しんでいるが、こっちがヤマメを狙っていても、流れの場所によってはニジマスがたまっている。数年前に岩手の宇田清さん、高橋啓司さんを誘ったら、二人は気軽に誘いに乗ってくれた。そして、ニジマス大好きの高橋さんのフライに、その川の巨大なニジマスが姿を現したのである。彼はこれをかけそこねたのだったが、次の年の秋にも再挑戦する熱の入れようだった。

その高橋さんと、今年北海道でニジマス釣りをする予定だったが、僕のつごうがどうしてもつかなくて、行けなかった。それが、今年、二〇一七年の僕の釣りの目標になっている。

水の味について

伊丹十三に「水の味」と題する掌篇エッセイがある。

イギリス人の優れた料理人にして、本物の食通である男とフランスへ旅した。ある日の昼下がり、ある村で食事をし、伊丹はその村の水の味をほめた。それに対してイギリス人いわく、水の味なんてどこだって同じじゃないか、うまいまずいなんてないだろう。

つまりイギリス人の食通には、水の味がわからなかった。これは日本人に特有の能力なのではあるまいか。伊丹はそういったあと、子供の頃遠足にいってごうごうと流れる谷川の水をじかに飲んだ思い出を語っている。

なるほど。水の味がわかるのは、茶の湯なんかできたえられた日本人の能力なのか。そういえば、フランク・ソーヤーが管理したエイヴォン川の上流なんて、ソーヤーが大量のチョーク（石灰）をまいてマスは復活したけれど、水を飲むというのは、ちょっとねえ。

僕は渓流に遊んで、山奥のよほどうまそうな水でなければ直接ガブガブ飲んだりはしなかったが、水のほとりでガス・バーナーを取り出して、コーヒーをいれて飲むのは、ひところの習慣だった。そして、確かに、うまい水と、さほどでもない水があることを知った。

秋田県檜木内水系のO沢では、入渓してまもないその場所で朝のコーヒーを飲むのがならいになっていた。北側から下りてきた二本の小渓がそこで合流して九〇度曲り、広い河原いっぱいにひろがる。ひろがった流れの真ん中に主流があり、それが四、五〇メートルつづいた。その流れのいちばん下手で水を汲んで湯をわかし、コーヒーをいれた。いやコーヒーを飲むのが目的でなく、そこでサンドウィッチとかおにぎりの朝食を食べ、しめくくりにコーヒーにしたのである。

あの流れの水は確かにうまかった。今から二年ほど前に同じ場所へ行き、同じことをやったが、谷の地形は変わっていたけれど、いれたコーヒーはやっぱりうまかった。とすると、あそこでコーヒーを飲む習慣になったのは、釣りをやりたくてうずうずしながらコーヒーを飲み終え、ロング・キャストで流れのなかから良型のヤマメをひき出したからではない。まあ、それもあるかもしれないけれど、やっぱり水が良くてコーヒーがうまいということがあったんだ。暑いときでも熱いコーヒーをひたすら飲むほど、渓でコーヒーを飲むのに凝っていたから、良型のヤマメのほうがおまけだったような気がする。

なぜあそこの水がうまいのか、理由はまったく見当がつかないのだけれど、あの流れには確かにうまい水が流れていたのだ。

もう一つ、なぜかわからないけれど、こんどは水道の水がうまかった話。

秋田のM渓谷の下流、M集落のあたりは大ヤマメがひそむ流れだった。なぜそれを知っていたかというと、流すフライに何度も出てきて、僕は何度もそれをかけそこねていたからである。

その日、集落のなかで四〇センチはあろうかというヤマメの姿を見(つまりはかけそこね)、がっかりして少し下流に戻って、腹いせの昼飯を食べることにした。

空に急に黒雲がわいて、突然の雨になった。僕は東京から同行した友人と一緒に、たまたま土手の上にあった小さな道具小屋の庇の下に入って、雨をよけながらにぎり飯の包みをひらいた。にぎり飯を頬ばりながらあたりを見ると、小屋の板壁に接するように水道の蛇口があった。蛇口をひねると、ぬるい水がすぐに凛とした冷水に変わり、コップでそれを受けて飲むと、思わず「うまい！」と口走るほどの、いい水だった。

デイパックからガス・バーナーとコッヘルを取り出し、コーヒーをいれた。コーヒーと一緒にパルミジャーノ・チーズを少しずつかじって、銀色の雨を見た。初夏の浅い緑に、雨がさらにあざやかな色をつけてまわっているような光景だった。

そのとき僕は、突然のことではあったけれど、不思議に充実した時間を感じた。こんな時間は、いま、ここにしかない。木々と共に、僕は銀色の雨に囲まれている。コーヒーをすすろうとして、カップを口に近づけると、濃密なコーヒーの香りが鼻孔に入ってきた。かけそこねた四〇センチのヤマメのことはすっかり忘れて、なぜこの小屋の水道の水がこんなにうまいのか、不思議に思いながら一口また一口と、コーヒーを飲んだ。

越後の北部、M川の最上流部A沢に入るには、かなり大きな貯水ダムの、水面より少し上につけられた山道を、グルッと半円分歩かなければならない。そこにA沢の流れこみがあった。

この白い谷の、白いイワナについては前にも書いた。町役場の友人が、とにかく何も考えずに、流れこみから四十分間、ひたすらに上流に向かって歩け、と断言した。となれば、友人の言に逆らうことはできない。歩きだして、ほぼ三十分のところで、風景が変わった。谷が広くなり、そして白くなった。

大理石をくだいたような、純白の石の広い河原がつづいていて、そのなかに浅い流れが静かに流れている。流れの底も白い石で、そこから素早く現れてブルーダン・パラシュートに食いつくイワナの魚体もまた白かった。イワナ独特の、底石の色に合わせた肌色の変化である。流れの水をちょっと口に含んでみると、少し軟らかいような、甘い水という感じだった。ここでコーヒーをいれて休憩にしたのは、白いイワナの棲んでいる水をゆっくり味わってみたいと思ったせいだ。

コーヒーは、軟らかく甘いような味がした。僕はそのあとで釣った二四センチほどのイワナをクマザサとフキの葉で包んで、デイパックの外側のポケットに入れた。めずらしくそんなことをしたのは、水の味だけでなく、そこで育ったイワナの味を知りたいと思ったからだ。

失われた川

ひとつの流れが失われる。わけのわからない工事が入って、流れが失われることもあれば、人が竿を持ってか、毒薬を持ってかして流れのいのちを蹂躙《じゅうりん》することもある。

夏になるとふと思いだしてしまう、あの隠れた流れは、人が徹底的に流れのイワナを持ち去ったために失われたことが、あとになって得たさまざまな情報からわかっている。

それは北越後にあった。国道から田んぼを見下ろしながら山道に入ると、十分ほどで流れに行き当たった。しかし、それは隠れ川のずっと下流だった。車を小さな空地に置き、デイパックを持ち、布袋に入れたロッドを持つ。ロッドは四本継ぎで、折り返した布袋の先を太い輪ゴムでしばった。

それから小一時間歩いた。流れを渡り、対岸の急斜面を登ると、斜面の中腹に小径《こみち》があった。しかし小径はしばらく行くと、草のなかに消え、踏み跡らしいものに変わった。さらにしばらく進むと、踏み跡も消えて、草と灌木だけの斜面になった。平らになっている足場を探しつつ迷ったような気分で斜面の中腹を行くと、いつのまにか踏み跡がふたたび現れた。そして、ふっと目の前が開けて、さらさらした浅い流れがあった。隠れていた川が現れたのだ。

流れを渡ると、砂利と砂の広い河原があった。二〇メートルほどの河原のなかを、幅五メートルほどの小流が静かに流れていた。そこでひと息入れ、ロッドを継ぎ、リールを装着した。僕は七フィート半のグラファイトをこの流れ専用に使っていた。流れはすぐにほぼ直角に左へ曲っていた。僕たち（この流れに一人で入ることは、ほとんどなかった。ここではBを同伴者とする）は、流れに従って一〇〇メートル進み、この谷の入り口ともいうべき岩場に出た。

この岩場は流れに大きな落差をつくっていたが、上まで行って下の溜まりをのぞくと、イワナが二、三匹、かけあがりでフィーディングしていた。うん、いつもの通りだ。充実した気分で、岩場をあとにし、静かで穏やかな流れの前に立った。

そこから先は別天地だった。

静かで穏やかな流れが三キロ弱つづいた。時折少しきつい勾配をもつ流れが現れたが、おおむねは瀬音がやかましくないほど流れは穏やかで、ただ川底は頼もしく大小の石が敷きつめられていた。

流れが閉じ、また開き、そのリズムにしたがってイワナがひっそりと遊んでいた。日により、時によりライズがあったが、けっして少なくはないあの流れのライズが、いつもひっそりしていたのはなぜなのか、僕にはよくわからない。

不思議なことはまだあった。

釣れすぎてイヤになる、あるいは飽きてしまう、ということがそこではなかった。同行のBと、ごくたまに短い言葉を交わす。「アカショウビンが鳴いてたね」とか、「このへんでコーヒーにしようか」とか、とりとめもなかった。

しかし、僕たちがいちばん頻繁に交わした言葉はさらに単純で、

「いるねえ」

「いるいる」

というものだった。流れのなかのイワナは多くのばあい目視できたし、その流れの傍筋、そのかけあがりに魚の姿があるのが、流れにいちばんふさわしい姿だった。

べつに釣れなくてもいい。もしその傍筋にゆらめいている魚が釣れないとしたら、きっとそれなりの理由がある。ロッドを振り、流れのそここにフライを置くことが、魚の一匹ずつと対話する感じになれば、釣れなくてもよかったのである。となると、僕はあの失われた川で、はたして釣りをしていたのかどうか、疑わしくなる。僕は、流れやイワナとともにそこにいた、というだけなのかもしれない。

季節によって、そこで見たものは少しずつ変わった。

トチの木の三角錐の白い花が、まるで谷の静寂を深めるために咲いていた。緑が少し濃くなる頃は、薄桃色のタニウツギの花のかたまりが、流れの縁を飾るように現れることもあった。

花々がなくなると、下流から上流に向けて、夏の風が渡った。それに吹かれながら、にぎり飯を食べ、そのあとでチーズをかみ、コーヒーを飲む。

ひとつひとつ目に映るもの、自分のすることが、釣りと同じ大切さで、しかもなにげない感じでそこにあった。あの流れにいる時間の充実の、その感覚を、言葉にできないものではあるけれど、僕は確かに覚えている。

ある年の六月、その川がまったく釣れなくなった。僕たちがゴールと称していた、三キロ先の小さな瀧のある場所まで、辛抱強くロッドを振りつづけて、小さなイワナが二匹。

どうしてもそれが納得できず、同じ年の九月初め、Bを誘ってもう一度谷に入った。そのときはゴールまで行かず、コースの半分で引きかえしてきた。魚は釣れない。それは半ば予想したとおりだった。それ以上に河原に捨てられた餌入れや、枝にかかった目印つきの糸みたいなものを見るに堪えなかったからである。

秋、地元の知人に連絡し、その流れの異変を話しあった。知人は、イワナをとことん獲りつくしていった、他県の小グループの存在まで突きとめていた。そのようにして、僕はひとつの流れを失ったのだ。

しかし失われた流れがあれば、新たに現れてくる流れもある。先頃、岩手の畏友宇田清さんと電話で話した折、「ちょっと気になる川があるんだ」となにげないふうにいった。彼がそんないい方をするときは、まず新しい流れの発見ときまっている。宇田さんの発見のおすそ分けに期待して、僕は夏の岩手に出かける算段をしている。

雲さだめ

空の表情が見たい。雲はどれほどひろがっているのか。やがて雨を運んできそうなのか。

しかし、山のなかの沢筋などで竿を振っていると、頭上の空は両岸の木立によって、川に似た細い一筋の流れがあるばかり。空の表情が見えないことが多いから、なんとなく物足りない思いがしてしまう。

空の表情が見たい。空の表情とは、とりもなおさず雲のかたちやいろである。それを目にしながら、自分が大きな空間のなかにいるのを味わっていたい。年をとるとともに、そんな欲求が強くなってきた。

そこで、頭上に空が大きくひろがっているような川へ行くことが多くなってきた。探したら、山中でもそうした地形のなかにある流れがある。

そんな流れで、赤い婚姻色を体側ににじませた大ヤマメを手にし、ああこれは、魚に秋の夕暮れの雲のいろが宿っている、などと思いたいのである。

雲は、いちばん身近にある自然である。

町中で空を見上げている僕の視界は、ずいぶんといろんなものに汚されているけれども、夏には東の空に入道雲がちゃんと見える。正式な雲の名でいえば、積雲、または積乱雲。でも、入道雲のほうが子どもの頃から呼びなれていていい。入道雲には、なぜか安心感があるのだが、たぶんそれは、まだ夏の遊びの時間がある、と思わせてくれるからではないか。

そして秋の鱗雲《うろこぐも》。正式名は巻積雲《けんせきうん》、または高積雲《こうせきうん》ということになろうが、鱗雲は、鰯《いわしぐも》雲とか鯖雲《さばぐも》とも呼ばれる。三つとも魚偏がつくのはなぜなのか。われらの祖先は、秋の空を見上げて、イワシやサバが泳いでいるね、と語りあったのだろうか。

雲について思いをめぐらせているうちに、僕はむかし石川県の山奥、現在は白山市に属している旧白峰村で、「雲さだめ」の話を聞いたのを思いだした。「雲さだめ」は、手取川最上流の村あたりで古くから伝わっている長期の天気占いである。

実際に何をするのか。

旧暦の二月二十日、六月二十日、十月二十日、この決まった日に、見通しのきく高い所に立って一日中空をながめる。そして雲の様子から、その先三カ月の天候を予測する。なぜ、二、六、十月の二十日なのか、後に「雲さだめ人」に訊いても「昔からそうだった」という答えではっきりしなかった。おそらく旧暦の二十四節気と関わるのだろう。

戦前は、村人のほとんどが、雲さだめをやった。焼畑の畑仕事の手をとめて、一日空をながめた。そして自分で長期予報をたてた。条件のよくない山間の村では先々の天候は死活問題。むろん今のような気象庁の長期予報はなかった。

今はもう雲さだめができる人が白峰村にも二人しかいないという。そのうちの一人、七十歳になる織田平太郎さんを訪ねたのは一九九四年の七月九日、つまり旧暦六月二十日だった。

案内してくれた白峰村に住む友人によると、平太郎さんの長期予報は昔から、ピタリピタリと当るのだという。

その日。平太郎さんの自分の焼畑小屋の近くにある山にあがった。晴天ではあったが、上空はけっこう雲が多く、かなりの速度で動いている。しばらく空をながめていた平太郎さんは、つぶやくようにいった。

「南や。それに西もある。こうして見てると、西が強うなってくるようやが」

どうやら、平太郎さんが「西」というのは、西から東に雲が流れているのだとわかった。つまり上空に西風が吹いている。雲さだめは、風さだめと同義なのだ。

それで、南と西だからどうなんですか。かなりの沈黙があって、「雨の多い夏やね、たぶん。いつもの夏の空やない。気温は低くなさそうだから、農家にはまあいいかもしらんが」

そういう予報だった。

平太郎さんは、雲の動きと将来の天気の因果関係について、けっして体系的にはいわない。

南（風）は暖、西は雨、北は寒、東は風。とくに南と西が合わさると雨が多い。流れる雲の量と速度が大事らしい。あとは組み合わせがあり、さらに一日のうち朝昼晩で風が変わる。そういうときは、「おおもとを見るのだ」という。「あとは、まあ、カンというか、経験やからね」と、淡々といった。

平太郎さんには、長年雲さだめをやってきた落ち着きがある。父祖代々から受け継いできた、当り前の風習なのである。

八月十日頃だったか、白峰村の友人から電話があった。

「大失敗でした。今年はうるう月があって、旧暦六月二十日はなんと八月七日。七日に平太郎さん、雲さだめをやり直したら、雲は南と西が基調で、ときどき強い北が入った。この夏は今でも雨が多くていっこう暑くならないけれど、これは回復しないまま寒い秋になるというんです」

その年は、冷夏によって近年になく米は凶作になった。北陸でも寒い夏になり、米の出来は悪かった。

「雲さだめ」が毎年当るかどうか、克明に調べたわけではないから、僕はこれを勝手に評価することはできない。それは当り前の話だ。

ただ、今みたいに長期予報なんかなかったのだから、村びとたちが経験則を頼りにその年の天候を占ったのは、切実な思いからであった。焼畑のために、いつ林に火を入れるか、またいつ畑にタネをまくか等々、どうしても知りたいことだっただろう。

さて、今は秋。夕暮れに、棚引くような薄い雲が桃色をおびている。それを背景にアキアカネが群飛して、動く模様をつくっている。その模様には、大地の実りの豊かさと花やかさがこもっているかのよう。それと同時に、空のながめに、渓流釣りの季節が終るいちまつの寂しさがある。それが僕の「雲さだめ」だ。

風、雨、雪

九月半ばの午前四時は、まだすっかり夜で、闇夜をつくという感じでKは車を走らせた。僕はKの隣に座り、後部座席にはKの年若い女友だちで、フライ・フィッシングを始めて一年というYさんが乗っていた。

秋田南部に住むKの家を車で出、秋田の北のはずれの、小さな小さな川に向かう。車に乗ってみると、思いのほか風が強かった。ためしに窓を少し下げてみると、金属音のような音とともに、強い空気の流れが入ってきた。僕がその風の音を聴いていると、後ろのYさんが、「お願い、窓を閉めて。風が苦手なの」と、小さな、しかし叫ぶような声でいった。

僕はすぐに窓を閉め、「ウーン、強風はフライ・フィッシングの敵。朝、向こうに着くまでに止めばいいけれど」と、釣りのことだけ念頭に、誰にともなくいった。

Yさんは、後部座席にちぢこまるように身を倒して、何かショールのようなものをかぶっていた。そのショールの下で、――風が吹くと、道がなくなる、帰ってこれなくなる、と呟いたように聴こえたけれど、ほんとうにそういったのか、確かではない。声がくぐもっていて、僕が聴いたような気になっただけのことかもしれない。

そして、夜の闇のなかで、風は吹きつづけた。道端の木々が大きく揺れ、灯を消した小さな集落を過ぎるときは、暗い家々が揺れているように見えた。車の窓を閉めきっていても、どこか遠いところで、風が鳴っていた。

目的地の近くにある、だだっ広い開拓農地にさしかかった頃、空が明るんだ。と同時に風がぴたりと止んだ。蒼い空が、東から朝の光に染められた。

川に着いた。川はまったくの無風。小さな堰堤の上、砂地の上を幾筋かの流れが這っている場所に下り立った。いつもはロッドを出さないそんなところで、なぜやる気になったのか、はっきりしない。

水深二〇センチほどの浅い流れが、小石と落ち葉の上をさらさらと流れていた。流れのそばに立つと、大きなイワナがすーっと上流のほうに動いて、わが目を疑った。ためしにフライを投じると浅い流れから、イワナがフライに飛びついてきた。五メートル上流にフライを置けば、同じことが起きた。何だろうこれは？　なぜこんなところに魚がたまっているのか？　僕とKは、何度となくそんなことをいい交わしたが、二人とも少し気味が悪くなっていたのだ。

もう冗談にするしかない。風だよ、夜の風が、イワナをここに集めたのさ、と僕がいうと、KとYさんも、しかたなく少しだけ笑ってみせた。しかしYさんは初めての大釣りであるらしく、その表情は底ぬけに明るかった。

雨。雨はいつも釣りびとの敵とは限らない。雨が降るときはよく釣れるからそこへ行け、といわれる川があるくらいだから、雨は時として釣りの味方ともいえるが、これはそういう川の話ではない。

北越後の、これまた小さな小さな川。夜の東京をBの車で発ってきた目には、梅雨時の霧のような雨に濡れた緑がいかにもあざやかだった。明け方の谷のほとりに車をとめると、すぐ目の前に小さな岡の斜面がある。その斜面の緑を真赤な鳥が横切った。アカショウビンだ。

この流れでは、このハデな鳥に縁があるようだ。前の年だったか、小さなヤブをこいで流れに下りようとしたとき、突然、アカショウビンが茂みから飛び出してきて、目の先一メートルのところをかすめた。ケロロ、ケロロと鳴く鳥といわれているが、あのときは、ギャアーという驚きの叫びだったな。

幅五メートルほどの、穏やかな流れ。細い雨は、何の痕跡も残さずに流れに吸いとられている。雨と、水の流れの、ひそかな交信。ちょっと気のきいた魚なら、その交信に加わりたがるに違いない。きょうは、きっと釣れる。Bと僕は張り切って合羽を着こんだ。

初めは交互に釣りのぼることにして、二人は流れのなかに立った。すべてのイワナが、川面に集中し、川面を見ているのではないか。フライを投じながら二〇メートルほど進むと、そう思わずにはいられないほど、いつにも増して魚が出た。

雨と、濡れて輝く岸辺の緑のせいだろう。平らな流れは浅い緑色に染まっていた。その流れの真ん中にフライを入れると、イワナがすっと浮き上がってきて、フライを捉えた。雨と、水の交信にイワナが加わり、いちばん遅れて、それに僕自身が加わった。

昼の握り飯を食べるために車に戻ると、それを待っていたかのように風雨が強まり、嵐になった。もう十分だ。僕たちは午後の釣りを見合わせて、近くの温泉に向かった。

雪。雪の降るのをものともせず、ロッドを振り始めた、という体験はない。岩手の三月末、雲の重なる空の下で釣りを始めたら、不思議に魚がドライ・フライに出て、大胆にフライを襲いつづけた。

不思議だなあと思いながら、こっちもいい気分でロッドを振りつづけていたら、雪が静かに舞い落ちてきた。どおりで寒いわけだ。この雪のなかで、イワナはドライ・フライにいつまでも出るかどうか。そういう好奇心もたしかにあったが、相棒の宇田清さんは、さすがに大人だった。いいかげんに暖をとらないと、ホントに風邪をひくよ、といって釣りを切りあげた。切りあげたときはまだ広いプールで魚が出つづけていたのだけれど。

銀の雨

夏の雨は銀いろ、きらりきらりと落ちてくる。僕はその雨が好きだ。雨のなかでフライ・フィッシングをやり通すなどということはない。夏でも、そういう気分になれない。それでも、谷に降る雨、森に降る雨が銀いろに光るのを、飽きずに眺めていたりするのである。

夏の夕立、あるいはにわか雨を、白雨と書いたりする。辞書には「うすくて明るい空から降る雨。夕立」などとある。それなりに情感のある言葉ではあるけれど、個人的には夏の雨は「銀雨」と書きたいという思いがある。それでふと思い立って、歳時記をめくってみたら、むろん「銀雨」などという言葉はなかったけれど、「夏の雨」の項に、「夏の雨きらりきらりと降りはじむ　草城」という例句が載っていた。このきらりきらりは、銀いろの雨に違いないと思った。

「銀の雨」という言葉にまつわって、もう一つ思いつくことがある。知里幸恵《ちりゆきえ》が編集し、翻訳した『アイヌ神謡集』というのがあった。こんなふうに始まる。

《「銀の滴降る降るまわりに、金の滴降る降るまわりに。」という歌を私は歌いながら流に沿って下り、人間の村の上を

通りながら眺めると――》

梟の神が自ら歌った謡《うた》の冒頭である。かつて読んだこの歌が頭の片隅にあって、「銀雨」という言葉が出てきたのかもしれない。

秋田は檜木内川水系の沢。午前中、降ったり止んだりしていた雨が上がりそうな気配だったので、友人の車で谷の入り口までやってきた。

合羽を着ているけれど、ちょうど雨脚が少し強くなったので、谷に入りたがる友人(そのときはまだ初心者だった)を押しとどめ、車のなかからしばらく夏の雨を眺めた。白っぽい雲がとくに動いたようにも見えなかったけれど、空全体が少し明るくなって、雨が止んだ。

きらりきらりと光る銀の雨が消えて、ちょっともの足りない感じだったけれど、

けっこう水量は増していた。

異様な感じがするほど魚の動きが生き生きとしていた。三〇メートルほどの長い瀬の隅々から魚が出てきて、なかなか前に進めなくなった。ヤマメ三にイワナ一の割合。瀬が終ると、流れは二筋に分かれる。左手の細流は流れが薄くて、ふだんは釣りにならない。でも、雨のあとのこの水量なら、魚が入っているのではないか。

そう思って、幅三メートルの細流に友人と二人で入った。すぐ目の前の、ちょっとした溜まりに大きなヤマメが全身を見せている。キャストする必要はなく、フライを前方に落とすと、ヤマメがつぎつぎに飛びついてきた。

何よりも、幅三メートルの流れで、魚の動きが逐一見える。私にとっても、友人にとっても初めての体験で、二人は声を立てずに笑い、声を立てずに、手と目の動きだけで、意思を伝えあった。僕はそれだけではもの足らず、雨はすっかり止んでいたのに、

「夏の雨はやっぱりいいね」

と、囁いたりした。銀の雨が、この細流に潜んでいた大ヤマメを踊らせてくれたのだ。

銀の雨を眺めていたのは、雨が止んだあとの釣りの活況を予測してのことではない。「銀の滴降る降るまわりに」という光景に気を奪われていたのは確かだ。しかし、雨後の谷がそれまでと一変して、魚たちが流れのなかで踊るのを僕は再三体験している。

二十年以上も前の話になるけれど、秋田の打当川の支流でのこと。最後の入渓点で車から降り、流れに出て上流に向かって歩く。竿を振らずに二、三十分歩くと、勾配のきつかった流れが一変して、川幅が倍になるほど大きく開け、ゆるやかな瀬がひろがる。

夏の雨が小降りになってきたので、僕たち三人はそのひろがる流れに向かって歩き、着いたところで雨があがった。ひろがった流れの二〇〇メートルほど先に、大きな瀧が見えるのを僕たちはよく知っていた。瀧の下までが、いい釣り場なのだ。

午後三時頃だったろうか。ひろがる流れのそこここにイワナのライズがあり、まるで流れが呼吸しているのを見るようだ、と思った。銀の雨が止んで、水を浴びた流れが生き返ったように呼吸する。それを、いま自分は見ているのだ。

そう思いつつ、二人の仲間と一緒に竿を振った。ライズの対象であるカゲロウに似たフライを選ぶ必要なんかなかった。十二番のエルクヘアー・カディスをライズする魚の前に落とすと、中型のイワナが時をおかずに跳びついた。

小一時間、流れの上にカゲロウ（たぶんコカゲロウが中心）が舞い、それを追ってイワナが踊りつづけた。きびしい山岳渓流の奥の奥で、銀の雨がつくってみせた生き物のドラマを、僕は見ることができたのだ。もちろん、雨のあとにそういう光景がいつも現れるとはかぎらないにしても。

長い長い夕暮れ

《夕日
沈みそうね
……
賭けようか
おれはあれが沈みきるまで
息をとめていられる》

男がそういうのを聞いて、女は「いいわよ息なんかとめてなくても／むかしはもっとすてきなこと／いったわ」と返す。あきれながら、あるいは、あきらめながら。男はむかしいったのだった。あの夕日が沈むあたりにある町で、居酒屋の二階から下りてきた何者かと対決した物語があったことを。しかし、いまは……。

この詩、辻征夫《ゆきお》「落日――対話篇」は、男と女の、ちょっとだけ切ない対話でなりたっているのだが、夢を見なくなった男の淋しさがそくそくと伝わってくる。読み手の僕は黙りこんで、何かが過ぎてゆくのを待つしかない。

それにしても、夏の夕暮れは長い。なかなか暮れない。

たとえば、羽越線の新潟―酒田間の列車なんかに乗ると、村上あたりから日本海のほとりに出て、晴れた日の夕方ならば、海に沈んでゆく長い長い落日を見ることになる。日が落ちる時間は鈍行の一駅分なんてものじゃないから、その間、息をとめつづけるなんて、とてもできない相談だ。

作家の藤沢周平は、東京から郷里の鶴岡へ帰るとき、この日本海の夕日を見るのがたとえようもなく好きだ、と書いている。心のこもった、いいエッセイだった。

僕も鶴岡へ行くときは、飛行機ではなく、上越新幹線―羽越線と乗り継いで行くことが多い。列車の窓から、長い長い落日を見たこともあった。でもそれが好きなのかそうでもないのかは、今もってよくわからない。たぶんそれは、羽越線の走る海岸から少し南の方にくだった新潟が自分の故郷だからかもしれない。高校時代に、松林を抜けて砂丘に出て、沈みそうな夕日をただぼんやりと見ていたのを思いだしてしまうからだ。

それでも好きなことがはっきりしているのは、庄内地方の渓流での、夕暮れどきのフライ・フィッシングである。釣りならば、むろん夕暮れは長ければ長いほどよい。

しかし、流れが比較的まっすぐなあの川では、下流の橋付近にある長くて広い平瀬か、そこから五〇〇メートル進んだ、ドロヤナギが流れに這い出している一帯か、ずっと上流の小堰堤の下、流れが幾筋にも分かれているあたりか、入る一カ所を決めなければならない。魚が活発に動いてくれるときは、このうちの一カ所でも、夕まずめに心残りなく釣ることはなかなかできないのだ。

ひところは、最上流の堰堤下に行くことが多かった。夕暮れになると、深い流れにひそんでいるニジマスが瀬に出てくる。それを狙ったつもりだったのだが、あるとき、わずか十分のあいだに、三五センチと三三センチのヤマメが釣れた。

まだ、そんなに暗くはない。下流に海があることを思わせる広い空に、刷《は》いたように浮かんだ雲が薄桃色で、しかしもう夕日の姿はなかった。大きなヤマメの側線周辺がぼうっと薄桃色なのを目に焼きつけて、暮れゆく秋の空の色といっしょにいつまでも覚えておきたい、と思った。

ジェール・ヴェルヌに『緑の光線』という小説があるのを教えてくれたのは、作家の辻原登さんだった。イギリスの小さな島から見る夕暮れの海上に、時として緑の光の帯《おび》が現れることがある。若い恋人同士が手をたずさえて、その光の帯を探しに行く。見たら、「幸福」になれるからだ。

僕は鶴岡の砂丘の上から、ふしぎな海の夕暮れを見たことがある。

晩夏の大きな夕日が黄金の色を長い腕のように海の上に差しのべながら、まさに沈もうとしていた。そのとき、その夕日を抱こうとする水平線が明るい緑色の帯になって、やわらかく発光していた。まぼろしのような緑の光がそこにあった。

車のハンドルを握っている友人に声をかけ、車をとめてもらった。道端に出て、緑の光の帯をじっくりと見つめ直すと、それは水平線の上にあるのではなかった。緑の帯の下に、層は薄いけれど黒い雲があって、その雲の層の下に、濃い藍色の海がある。それが本物の水平線だった。

あの緑色の光の帯は、何がつくったものだったのだろう。なにしろまぼろしのようなものだったから、推測のしようもない。ただし、ヴェルヌのいう緑の光線とはまったく別のものだったのは確かなことだ。ヴェルヌのは、見たら幸福になるというんだから。

「護岸王」とは何か

最初は遠慮がちに、「護岸派」などと呼んでいたのである。僕としては、ただ「護岸派」というだけでは、卓越したロッド・ビルダーにしてフライ・フィッシングの名手でもある宇田清さんに対して失礼になることに気づき、「護岸派の巨匠」と「巨匠」という尊称をつけて呼ぶことにしていたのだった。

ところが、ご当人は巨匠であることに飽き足らなかったらしく、どんどん逸脱していって、ついに「護岸王」と呼ぶべき存在になっていったのである。宇田さんが、「巨匠」から「王様」になった経緯を僕は語ろうとしているのだが、そのためには以前エッセイで「護岸派」について説明したあたりにもう一度戻って、このフライ・フィッシングの奇怪なる流派について説明しなければならない。

里川であることが多いのだが、両岸あるいは片岸に護岸がほどこされていると、護岸の下は適当な深さのゆるやかな流れがつくられる。ごく当り前によく見かけること だけれど。

川を歩いていてそういう場所にくると、そこにはっきりと魚がいるはず、と目の色が変わり、護岸に取りついて動かなくなる。そういうフライ・フィッシャーマンを、僕は「護岸派」と名づけた。彼らは、護岸の下の流れにはライズがあると信じていて、確信しつつライズを待っているから、そこから動かなくなる。実際、「護岸派」にはライズ取りの名手が多く、宇田清さんもその代表格、といってよい。そして宇田さんはいった。

「川全体が渇水してる夏の午後、護岸の下の流れだけが水が十分にある。護岸すれすれに大物がいて、時折、バシャッとライズするんだ。そのライズの飛沫がコンクリートの壁にかかって、水しぶきの模様が点々とつく。あれがいいですねえ」

宇田さんは一流の技術者なのだが、同時にロマンチストでもあるらしい、と僕は気がついた。しかし、そのへんまでは理解できるのだが、宇田さんの護岸好きはとめどなくエスカレートして、僕は「巨匠」ではなく「護岸王」という尊称をつけるに至った。

「護岸王」で思い出すのは「巌窟王《がんくつおう》」という言葉である。なんとなく、音感が似てるでしょう。十九世紀フランスのデュマの長篇小説『モンテ＝クリスト伯』を、明治時代に黒岩涙香《くろいわるいこう》が翻訳したとき、『巌窟王』というタイトルにした。『巌窟王』は日本でもよく読まれた。なにしろ脱獄、宝探し、復讐と、おもしろさ三倍という本だから、人びとは歓迎した。

ところでわが「護岸王」のほうには、そんなにおもしろい話はない。もしも渓流のヤマメを宝石に見立てるならば、宇田護岸王は護岸をたずねてしつこく宝探しをし（ときには一箇所で一時間をかけて）、一匹の美しい宝石を手にしてしまう。その点だけが似ているというところだ。

そして、声明するようにいうのだ。

「ヤマメは住居として大いに護岸を好む魚である。知ってる？」

僕としては、長年いつくしんできたあの魚が、こぞって団地住まいが好き、といわれているような気がして、反論をこころみたいのだけれど、そんなことはないという証拠を挙げるのが難しく、黙って護岸以前の川を思うのみ。そして、自分がたまたま行き当ってしまった数々の護岸の風景と、そこで魚が釣れなかった事例を思い出そうとする。

愛媛県の山奥のさらに奥の、わりと広い流れ。林道から川に下りる道がついていて、のぞいてみると中規模の堰堤だった。左岸は急峻な岩の壁。僕たちが下りていった右岸は、古びて黒くなった護岸が、堰堤のプールの水を区切っている。

その護岸の根もとの壁にそって、一列に並ぶようにして大きな魚がいた。最初見たときは大きなハヤが列をなしてラジオ体操でもしているのかと思ったが、プールに下りる小径《こみち》の途中で身を低くかがめて観察すると、パーマークを身にまとったヤマメに違いなく、尺を超えるものどもが何を好んでか縦に一列に並んでいる。

その時は宇田さんが一緒にいたのではなかったが、僕はヤマメは護岸を住居としたがる、という彼の言葉を思い出した。もちろん思い出しただけでなく、堰堤の壁の上に立って、あるいは苦労を重ねて護岸の末端に立ちこんで、大ヤマメを釣ろうとした。フライも五、六種類は替えてみた。反応なし。ただヤマメたちは水深一メートルほどの底のほうに位置して、動かない。堰堤のわきが住居ならば、あれは寝室で眠っている姿というのだろうか。

結論をいうと、二時間ほどかけてヤマメが覚醒することを指導し、指導に熱が入りすぎて水面と水中を騒がしたせいか、魚はそれぞれの住居を出てどこかへ行ってしまった。美しい春の若葉を映した浅緑の水面が残った。

さて、宇田護岸王の発言の当否は別として、彼が護岸から動かなくなって、どんな秘術を尽すのか、はつまびらかにしないが、魚を釣りあげてしまうのは、事実として認めなければならない。認めて、僕が必ずしも気分がよくないのは、要するに護岸でいい釣りができないからに違いない。

春のひと

以前は渓流釣りが禁漁になるとすぐに、さて来年はどこへ行こうかとドンヨクに考えたものだったが、いまやシーズンが始まる頃に、さて今年はどこへ行こうかと、遅ればせながら考えるのである。そして、行きたい川を思い浮かべるとともに、そこにいる釣りの友人のことを、どうしているかと懐かしく思い出す、という寸法なのだ。

たとえば、大分のフクチャン。数年九州の釣りにはいっていない、今年はぜひ、と思うと、フクチャンのこの上なく濃い人柄がすぐそばにたたずむわけだ。

アユ釣りが本職だが、海も渓流も釣りならなんでもやって、まあ漁師みたいな人物なのである。外見はゴツイけれど、根がやさしいから、僕のようなシロウトにも嫌な顔もせずにつきあってくれる。

フクチャンの本職はもう一つあって、女性にもてることだ。女好きということは否定できないが、それ以上にもてる男であるのを、僕はイヤイヤながら知ることになった。

いつかの春、大分に釣りに行った機会に、別の友人の要請で三十人ほどの小さな談話会で、僕が何かしゃべることになった。終ってお茶の時間になると、フクチャンがつとそばに寄ってきて、「あの人に惚れられちゃったよ」とひそかに指さす。顔をあげてそのほうを見ると、山から出てきたという感じの、頑丈そうないわば農婦で、日に焼けた顔は妙に整っている、四十歳くらいのすてきな女性がいた。

そしてフクチャンが知らぬまにいなくなり、気がつくとその人もいなくなり、二人で姿を消してしまった。旅館の夕飯の時間にはフクチャンは帰ってきて、明日はどの川へ行こうか、などと賑やかに話しあった。

さて翌朝、七時頃に旅館を出発するとき、その人が大きな体を小さくして玄関に待っていて、フクチャンに「お弁当」といって小さからぬ包みを渡したのだった。なるほど、女性にもてるとはこういうことか、と僕は学びたくもないことを学習したのである。

その日の昼どき、一時川からあがって、竹田市の岡城跡へ行ってメシにした。「荒城の月」の城には、ちょうどサトザクラが満開。その花影でフクチャンがひろげた包みには、ふつうの二倍はあるような大オニギリ、卵焼きなどのおかずが入っていた。僕も相伴にあずかったが、卵焼きが本格的でうまい。複雑な思いでかみしめた。

午後は大野川の上流部でロッドを振ったが、まったく釣れず。こんな日は釣れないのが当然、と僕が思ったのは、なぜだったのだろう。


Aさんは東京在住、フライ・フィッシングではなく、和式毛鉤釣りの第一人者で、本も書いているのだから、この人もプロである。愛媛県は西条市の出身で、この十年ほど、毎年ではないが一緒に春の四国の谷に遊んでいる。

Aさんは折あれば郷里に戻って、釣りをする時間をつくっているらしく、吉野川水系、仁淀川水系の渓流にくわしい。ただし、福島や新潟の川ほどに知っているわけでもないらしく、僕たちが行きたいという谷へ黙ってついてきてくれる。

しかし、時として、あの谷へ行こうと号令する。大方そこは不思議に夢幻的な場所で、何だかこの世の果てにある谷、という感じなのだ。

去年行った、仁淀川の支流の支流のA渓谷がそうだった。細い春の雨のなか、いつ終るともしれない林道を延々とたどっていくと、無人の食堂のようなものが建っている。その眼下に、姿のいい谷があって、雨のせいで水流が厚かった。

林道から横に入るような未舗装の道があって、僕は何か予感に導かれるように、車にその道に入ってもらった。すぐに小さな広場に出て、満開のヤマザクラにとりかこまれたのだった。

細い雨に濡れて、ヤマザクラは紅色をひときわ濃くし、そのあでやかな姿を見せるのを惜しむように、霧が低く流れてきて花の姿を隠した。ああ、これを見るために四国に来たのかと思い、並んで立っているAさんが、夢幻の風景を出現させてくれたように思った。

そして、その日はロッドを出さないままに撤退、別の川で遊んだ。よせばいいのに、あのヤマザクラが気になって、翌日、晴れているA渓谷にもう一度足を運んだのである。今度は二時間ほど流れに遊んだのだが、僕は良型のアマゴを二度かけそこね、Aさんは三尾かけて、僕の目の前まできて、それを見せてくれた。彼は風景が夢幻的であろうがなかろうが、遠慮なく釣ってしまう人なのである。

山形の鶴岡市に住むYさんは、中学生の頃からフライ・フィッシングをやっていたという豪の者である。赤川のサクラマス釣りでは名人と噂され、毎年、その姿を見たい釣り人に追いかけられて困惑している。

Yさんとは十年ほど前から一緒に釣りをするようになって、僕も庄内の川はあるていど知っているつもりだったが、Yさんはその僕がこんなところに川があるのか、と驚くような隠れ川に連れていってくれるのである。中学時代から釣りをやっている人はやっぱり違うのだ。

広い開拓農地の片隅を流れる農業用水の細流にヤマメが満ちていたり、まあ驚くべきことの連続である。

去年、ふと出羽三山周辺の即身仏をお参りしたくなって、Yさんに案内してもらった。その帰り、村のはずれにある一見平凡な里川のほとりに車をとめて、ここ、じつは魚が多いんですよ、という。その日は雨で流れが濁っていたから試すことはできなかったが、今年はあの歩きやすそうなゆったりした流れをぜひやってみたい、と勝手にわが釣り計画に入れている。このYさんも春のひとの一人だ。

約束の川、ふたたび

ヘミングウェイの若い頃の短篇に「横になって」というのがある。第一次世界大戦に、イタリアで赤十字要員として従軍していた作家の体験が反映しているとされている。爆弾で吹きとばされた「私」が、夜眠ろうとすると、魂が体を抜け出してさまよう気配がする。私はそれを防ぐために、闇のなかで目を見開き、子供の頃に鱒を釣った川を思い出し、その川の端から端までを、入念に釣っていった。（僕は「横になって」を、いま谷阿休《たにあきゅう》の翻訳で読んでいる）

《ある夜には、一晩のうちに四、五本の川を釣り歩くこともあった。どの川も、水源に近づけるだけ近づいた地点から釣りはじめ、流れを釣り下っていった。釣り急いて、時間が尽きる前に流れが尽きてしまうこともあった。そのときは、川が湖に注ぐあたりから逆に、同じ流れを上流に向かって釣り上がっていった。下ってくるときに釣り

漏らした鱒を、一匹残さず狙っていった。》

このあまり知られていない短篇を、ヘミングウェイの釣りの文章のなかでも最も美しいものと、僕は思っている。

夜、暗闇に目を見開いたまま、今まで知り合った女の子を一人一人思い浮かべていってみたが、最後には、結局また鱒釣りに戻ってゆく。「川ならどの川でも思い浮かべることができたし、その上、川なら行くたびに何か新しいことが見つかった」とヘミングウェイは書いている。あまりないことだが、僕はこの文章にならって、夜の寝床のなかで、横になって、ヤマメとイワナの川を端から端まで歩いてみたりすることがある。

とはいえ、僕は三十を過ぎてからフライ・フィッシングを始めたのだから、隅から隅まで知っている川なんてものはなかった。勤めがあったし、せいぜい年中行事のように好きな渓に足を運ぶ、というのが精一杯。とくに気に入った流れには、季節を変えて、一年に数回行くこともあったけれど。

秋田の檜木内水系の支流群は、とりわけ親しい川だった。流れをすべて記憶しているのではなかったが、魚が付いているポイントはほぼ覚えているつもりだった。

そのうちの一つに、主流から見て「裏の小川」ともいうべき、幅三メートルほどの、階段状の小流れがあった。つまり上流の広い流れが二つに分かれて、一つが「裏の小川」になっていたのである。季節がいいと、主流の水がその裏の流れにも入って、小さな溜りに大きなイワナとヤマメが点々と身を潜めていた。ここは、すべての溜りがポイントで、ほんらい主流にいるべき魚が、裏の流れに集まっているというぐあい。エルクヘアー・カディスを浮かべると、魚がとびつくように現れた。

ついでに僕は、同じ檜木内水系の別の支流を思いだす。下からあがって行くと、大きな堰堤に突き当って、それを越えるのは危険をともなう難所だった。何がきっかけだったのか、その堰堤の上に入る細い踏み跡を見つけたのである。

川に入ると、流れは林道から離れている。そして、三キロほど先の橋のあるところまで、穏やかでいい流れがつづいた。僕はその流れを自分で発見したような気になって、時折ロッドを振るのをやめて、デイパックからノートをとり出し、川の地図を描いた。三キロにわたる地図は、瀬、よどみ、溜り、かけあがりなどが記され、釣った魚のメモも入れた。それがひさしく出会わなかった「約束の川」であるような気がしたせいでもあった。

そんな地図を作ったのは、それが初めてで、終りでもあった。まあ、気まぐれにそんな地図を作ったおかげで、朝昼兼用の飯を食べる場所、コーヒーを入れて一息つく場所まで、三キロの流れのすべてがわかったような気にはなったが、しかしいま思い出してみると、記憶のなかから消えている場所がところどころにある。寝床の闇のなかで、釣りをつづけるわけにはいかなくなってしまうのは、いたしかたない。

ずいぶん昔のことになってしまったが、僕はかつて「約束の川」というエッセイを書いた（『イワナの夏』所収）。それを作家の日野啓三さんが読んでくださって、長い手紙をいただいたことがあった。また、読んでから十数年後に、「忘却の川」というエッセイで取りあげて、なぜ書くのかという大切なテーマを論ずる入り口として扱い、二、三の感想を述べられていた。

僕の「約束の川」は、既視感というふしぎな体験を引きあいに出して語っている部分がある。日野さんは、その既視感にふれて——

《思い出せない何か。
思い出せないが本当は知っている、と感じられる何か。
それに不意に触れたときの心身の震憾と陶酔。》

というものが、既視感というふしぎな体験にはある、と語っている。たしかに、

「約束の川」が流れる風景のなかには、そういう「何か」があった。

東北の暗い山道をたどって川べりの道に車をとめて夜を過し、明け方の光のなかで見い出した川は、「思い出せないが本当は知っている」としかいいようがないものだった。そのG川ではヤマメが驚くほどよく釣れたが、本当は釣れる釣れないは問題ではないのかもしれない。

僕はそのあと、これはもう一つの約束の川ではないか、と思ったことが三度ばかりあったが、そのうちの二つは魚がよく釣れる川ではなかった。

ただ共通している確かなことがある。その約束の川がどんな姿をしていたのか、自分にとってどんな意味があったのか、語るのはきわめて難しいということである。

II　きのうの谷

庄内ヤマメ探検隊

1　季節が変わる

季節が変わる。梅雨どきの後半、空が青く晴れわたり、夏の一日になる。それはまるで夏という季節の予告のようだ。そういう、季節の変わり目が、僕は好きだ。

また、たとえばこんなこともある。春が終り、武蔵野の面影がある野川あたりにキリの花が咲く。花の春は、美しすぎるせいで愁いを誘うが、キリの花のなんとも言葉で表現できない紫は、春の愁いを吹きとばしてくれるほどくっきりしていて、そんな変わり目も悪くない。キリの花が咲けば、フライ・フィッシングの季節の到来だ。

そのあとに、東北の渓流にも梅雨が来て、カッパを着て川をうろついていると、ある日、夏らしい青い空が頭上に輝く。二〇一四年の六月二十八日、二十九日はそんな日だった。

僕は前日の夕方、羽越本線で鶴岡に入った。鶴岡在住の余語滋さんと、夕食を共にして歓談するためである。余語さんはフライ・フィッシングがつくった親友ともいうべき人だ。僕は藤沢周平記念館の準備委員とか運営委員とかをつとめていて、鶴岡にその用で通ううちに余語さんと知り合いになるが早いか、たちまち十年の知己のごとくになった。

余語さんは北里大学水産学部を出たあと、郷里にある水産振興協会に勤務し、今日に至っている。魚のことに（もちろん釣りのことにも）めっぽう詳しくて、話を聞いていて飽きることがない。

この夜も、今年は赤川のサクラマスどうでした、と訊ねると、口ごもるように、何匹釣れました、と低い声で教えてくれる。その数からいって、おそらく赤川水系で最も釣っているに違いないのだが、余語さんはそれを知られたくないのだ。僕は「オレにもやらせろ」なんていわず黙って聞いているだけ。余語さんは仕方なく春のサクラマスの釣果を打ち明けてくれるのである。

それから、ヤマメやイワナの味の話になった。このあたりで、ダントツにヤマメがうまい川、知っていますか、と余語さんはいう。いや、このへんのはあまり食べる機会がなかったから、知らないなあ、と答える。あなたも以前釣ったことのある大山川水系の、あの川ですよ。小さいカワエビが多くて、それを食べてるからうまいんです。じゃあ、明日は最後にそこへ行って、釣ったのを食べてみましょうか。そうしましょう、味わってみてください。他の仲間たちが来る前に、二人でそんな相談ができてしまった。

他の仲間というのは、岩手から来る宇田清さんと高橋啓司さんの二人である。二〇一三年の九月下旬、二人を庄内の川に誘って一年の終りの釣りを楽しんだ。二人とも思いのほか庄内の川が気に入ってくれて、二〇一四年の盛期に、同じメンバーでやることになったのだ。僕は勝手に四人の一行を庄内ヤマメ探検隊と名づけた。

2　いちばん美味なヤマメ

六月二十八日早朝、夜行バスで到着した『フライロッダーズ』のS編集長とターミナルで落ち合い、やがて岩手から宇田・高橋二人組も元気な顔を見せた。それに余語さんと僕、釣り仲間がそろった。

しかも、きょうは青い空がひろがる快晴。さて、いい釣りの時間が出現するだろうか。

最初に行ったのは、番外編みたいな場所。田んぼのなかに突然出現する幅広い水路、つまり運河だった。秋になって運河の水が落ち、膝下までの浅い流れになると、緑の藻のあいだに、巨大なニジマス、そしてヤマメとイワナが点々と現れるのだ。

その話をしたら、高橋啓ちゃんが身を乗り出してきた。啓ちゃんは、いま野生化した巨大ニジマスに取りつかれているのだ。

余語さんの案内で流れに行ってみると、いまは夏の始まりで、水はたっぷり腿のあたりまでになる。小一時間、啓ちゃんは得意のニンフ（といってもこの人、釣りならば何でも得意なのだが）で奮闘したが、釣果なし。早々にあきらめて、きょうの本番の川へ、進路を変えた。

とある集落を過ぎて奥へ、もっと上流へ。

そんなふうにやみくもに思って、宇田さんと啓ちゃんを下流に置いて、余語さんと上流に向かったのは、きらめくような夏の空のせいだったかもしれない。

流れは減水気味で、それも夏の川を思わせた。瀬と、川底をえぐるように流れる長い深場とか、交互に現れる。余語さんと二人、どこまでも突き進むような勢いで流れをさかのぼったが、ときにヤマメ、ときにイワナがまじって、あまり頻繁にではなく現れた。いるとすればヤマメだろうと予測して早瀬にカディスを浮かべると、中型のイワナがすばやくフライをくわえて反転したりした。

約束通り一時間半後、岩手組と落ち合い、もう一つの流れに移動した。

二十軒ほどの集落があり、看板の文字がかすれている集会所がある。そんな集落を、半円状にぐるりと取り囲んでいる流れは、段差も小さく、穏やかで静かな小渓流だが、不思議なほど魚が多かった。

初めてこの川に来たのは、東京のBさんと一緒だった。Bさんに紹介してくれた人は、「雨の川だ」といった由。雨が降って、他の川では釣りにならないようなとき、この川へ行くとよい。濁りが少ないし、水かさが増すと魚が不思議なほど活気づく。そういう話だった。しかし、雨が降らなくても、完全に晴天の日でも、魚は変わらずに活性が高かったのである。

不思議なのは、ある日はヤマメが多く、ある日はイワナが多いという、説明のつかない現象があったこと。去年の秋、同じメンバーで遊んだときは、徹底してイワナの谷。きょうは半ばヤマメの谷という顔をしていた。しかし、それはまあ、どっちでもいいのだ。

四人が釣るには小さすぎる流れであったが、正確に順番通りに、一匹ずつ釣りながら進んでいった。前方一〇メートルのうちに必ず一、二匹は魚がいたから、すぐに順番がやってくる。

そんなふうに仲間の釣りを「見物」するのは、その気になればけっこう楽しいものだけれど、それ以上に木々の緑のきらめきのなかを進む喜びが大きかった。

緑のなかを、ゆったりと息をしながら過ぎてゆく水。水の上の青い空、時折、目にしみるような白い雲が、空を過ぎてゆく。

ヤマメは、一匹一匹が、それぞれの色それぞれの表情をもっていて、美しかった。仲間が手にしたその美しい生き物が水の奥へ矢のように戻っていく姿を見るのは、悪くなかった。

何匹の魚を釣ったのか、数えていなかった。小さな流れに四人でロッドを振ったのだから、僕ひとりが手にした魚の数はそんなに多くはないはずだ。しかし、十分に魚を釣った、という満足感が、たしかにあった。午後三時すぎ、谷からあがって仲間の顔を見ながら、そう思った。

夕刻少し前、きのう余語さんと相談した、庄内でいちばん美味なるヤマメが釣れるという大山川水系の支流に入った。

まず最上流の廃村まで行ってみたが、荒涼として暗い。さっきまでの、夏の日差しをいっぱい浴びた釣りとは、あまりに雰囲気が違う。廃村周辺でロッドを振ってみたが、小さなイワナがかかるだけ。ただちに大山川との合流点に戻って、「美味なるヤマメ」に狙いを定めることにした。

といっても、僕にとっては、きょうの釣りはもう終り、だった。食べてみるヤマメは、宇田さんと啓ちゃんにまかせておけば大丈夫、きっと数匹はキープしてくれるはず。

思った通りになった。

高い土手の上から眺めていると、宇田さんと啓ちゃんはいかにもいい流れのわきに立って、きれいにラインをのばしている。そこは小さな支流と大山川の合流点で、生息領域としては、美味なるヤマメがいる支流とほとんど一緒。

きた！　と声があがり、宇田さんが中型のヤマメを手もとに寄せる。替わった啓ちゃんは、アシの草むらのすれすれにアントを置いて、良型のヤマメを引き出した。計四匹、もう十分だろう。

一時間後、余語さんの知り合いの居酒屋で、夕食になった。板前さんはイヤな顔をせず、ていねいにヤマメを焼いてくれた。一箸二箸とつけてみたが、ほんとうにうまいのか、判定がつかない。気心知れた仲間たちと囲む食卓では、すべてがうまいのだから、判定がつかないのだ。しかし、ひさしぶりに口にするヤマメもうまくないわけがない。僕は、うまいうまいと呪文のようにとなえて、きょう一日の時がどんなふうに充実して流れたか、あらためて思い浮かべていた。

3　ニジマスを求めて

翌二十九日は、朝のうち濃淡のある雲が空をおおっていて、時折、細い雨を降らせた。雲はゆっくりと動いているから、天気予報通り、昼すぎからは晴れるかもしれない。

午前中は、こんなところに魚がすむのかと思われるような、田んぼのなかを縫って流れる小渓に遊んだ。ヤマメとイワナが同居していて、どっちがくるかわからないところにおもしろ味があった。河原もふくめて、幅七、八メートルの細流なのに、流れに張り出したアシの根もとやヤナギの葉陰から、たまにではあるけれど三〇センチの魚がフライに飛びついた。

四人で適当な間隔をとり、雨がちらつく流れに二時間ほどいて、きょうの目的地でもある、一つ目の流れに転進。しかし、目当ての流れは、上流にまとまった雨が降ったのか、水に濁りが入っている。それではと、その流れの最上流のようすを見るために山道に車を入れた。

もう、七、八年前になろうか。東京からBさんの車でやってきたとき、難儀して川に下りる道を探した。休耕田のはずれに踏み跡を見つけて、足を入れると、ギィッと鳴いて全身赤い鳥がすぐ目の前をかすめていった。

アカショウビンだ。こんなに近くで出会うなんてめずらしいことがあるものだ。その日も雨模様で、岸壁に囲まれた暗い渓で、思いがけず大イワナ数匹に出会った。しかし、気分のいい谷ではない。

アカショウビンの思い出に誘われるように、その暗い谷に入ってみたが、仲間たちはやっぱりあまりいい気分ではないらしく、イワナがいるのを確認すると、誰いうともなく流れからあがってしまった。

雨があがり、雲が切れて青空が見えはじめている。余語さんの案内で、国道沿いからちょっと入ったソバ屋に寄った。ゆっくりと時間をかけて昼食のソバを食べたあと、目的の川に入れば、ちょうどいい時間配分になる。駐車場でウェーダーを脱ぎながら、そんなことをチラッと思った。

午後二時、天気は完全に回復し、きのうに似た抜けるような青空になった。ちょうどその時刻に、きょうの二つ目の目的地である流れに到着した。

国道沿いにまっすぐ流れる川は、大方濁りがとれている。この流れには、野生化したニジマスと、イワナとヤマメ、それもかなり大型がいるのは、すでに四人とも体験ずみだった。地元の余語さんは当然。僕は十五年ほど前にこの川に通いつめたことがある。宇田さんと啓ちゃんは、去年の秋に僕と一緒にこの川に来て、大きな魚に出会っているのだ。

啓ちゃんと余語さんは、比較的下流部の、ネコヤナギが両岸からおおいかぶさる、深い流れに入った。啓ちゃんは去年、ここで五〇センチを超えるかというニジマスをかけ、水中に張り出したネコヤナギの根のなかに潜られて取りそこねた。

橋の上からしばらく啓ちゃんの釣りを眺めた。ニンフで次々にニジマスの小物をかけて、水に戻している。律義者の労働者のような釣り姿である。啓ちゃんほど多くの魚をかけて飽きないと、そんなふう――つまり律義者に見えてしまうのが、おかしかった。

宇田さんと二人で、二キロほど上流に入った。ここでも流れはなおまっすぐで、ただ川底は中型の石が重なる部分と、小砂利を敷いた部分とがある。中型の石の部分は流れにアクセントがついて、大型が潜んでいる。

まっすぐで平坦な流れのなかを、水の抵抗を受けながら歩く。護岸の壁、あるいはアシやヤナギの繁り方が不意に記憶を刺激し、そうだ、ここでは青みを帯びた尺イワナが出たとか、アシの下から、あきらめていたニジマスの中型を引きずり出したとか、断片的な映像がよみがえる。思い出すまでもなく、不意に脳裡によみがえるのだ。そんなことはたしかにあった。しかし、それがこの場所であったかどうかは、当てにならない。いい記憶が、勝手に頭のなかで浮かびあがっているのかもしれない。

いま、ちょっといい型のヤマメを手にして、後方にいるはずの宇田さんのほうを振り返ると、彼もちょうど魚をかけて、水面から鉤ごとあげて、僕に見せようとしていた。そんな穏やかな釣りは、宇田さんと自分の年にはふさわしい、と思い、ひとりで静かに笑ったりした。

夕暮れどき、こんどは先に進んでいた宇田さんに追いつくと、疲れたような、満足したような表情で笑いかけてきた。

「まずまず」

二人ともそんな言葉を交わし、川からあがった。川沿いの道路をゆっくりと歩いて下流に戻った。

啓ちゃんは、まだ川のなかにいた。先に車のところにいた余語さんの話では、ニジマスの三〇センチものはいくつか出たが、お目当ての超大型は出なかったとのこと。これも、「まずまず」というところだろう。

夕日が、山の緑を明るく染めている。初夏の、金色の夕暮れのなかで、ロッドをしまい、靴とウェーダーを脱いだ。まずまずの、ヤマメ探検隊はこれで解散。

花のなかのアマゴ

1　そこにアマゴの春がある

四国。本州から数えて四番目に大きい島。一八〇〇平方キロ。人口三九〇万人。などといっても、何も実感できない。

東京から新幹線に乗って岡山まで。そこでレンタカーを借りて、岡山から瀬戸中央自動車道に乗り、高速道路は鷲羽山《わしゅうざん》から海の上に出る。瀬戸大橋を車で走っていると、ようやく瀬戸内海が、主として大小さまざまな島々を目にすることで実感できる。海の向こうに陸地があり、それが四国だった。このコースが好きだったのは、海をこうして渡るのが四国に行くのにふさわしいと思ったからだ。

四国に上陸し、そのまま高速を走ると、四国が山国であるのが目に迫ってくる。最高峰は石鎚山《いしづちさん》（一九八二メートル）だけれど、真ん中にでんと四国山地が走っていて、平地は狭い。

山があれば谷があり、谷があれば渓流魚がいる。南国の春らしい谷で、アマゴを追ってみよう。もう十五年ほど前になるが、そんなふうに考えて、瀬戸大橋を渡ったのだった。以後、毎年というわけにはいかなかったけれど、それでもくりかえし四国の山中をさまよううちに、アマゴを追っているのか、この南国の春を追っているのか、自分でもわからなくなった。

2 花のある流れで

最初の頃は阪東幸成さんが一緒だった（少しあとになって、宇田清さんが加わって、近頃では宇田さんと綾部啓治さんが四国行きの常連になっている）。

初めの頃は愛媛県と高知県の国ざかいにある渓流をめざしたのだったが、愛媛の松山を出発基地にした。地図の上からは遠まわりをしているようだったけれど、松山という町に何となく愛着をもっていたせいである。松山から土佐街道を通って面河《おもご》川上流の黒川に行き、また松山のホテルに戻ってくるというような時間のムダを、けっこうしていたのだから不思議である。

しかし、松山という町は魅力があった。気に入った割烹料理屋も見つけることができた。高級店ではないが、魚料理がめっぽううまい。最初に入ったとき、どうまちがったのか、ふだん注文したことがないタイのカブト煮を注文してしまい、恐る恐るこれを口にしたら声を上げたくなるほどの美味だった。小ぶりのカレイ煮つけも、イカの刺身も、瀬戸内の魚のうまさを思い知らされた。

といっても、真の探究の対象である渓流を忘れたわけではない。僕たちには釣りの知人もなく、したがって正確な情報もなく、したがって五万分の一の地図を頼りにこのあたりは魚がいそうだという、われながらまったく根拠のない直感を頼りに、山岳地帯の渓谷に足を運んだのだった。

釣れるかどうかは、まったくわからない。そういう頼りなさは妙に心を刺激するものがあるらしく、毎年春になると四国の谷へ行ってみなければ気がすまないという状態になった。

もう一つは、いかにもそこに春があると感じさせる、花の谷の魅力があった。ソメイヨシノ、ヤマザクラ、サトザクラなどが谷をいろどっていて、谷が春のなかでよみがえる姿をまざまざと見ることができた。自分のホーム・グラウンドである東北の花どきは往々にして花冷えにおそわれて、春たちかえるという感じがうすい。四国の谷々は、そこが違っていた。

ひところはそこを拠点みたいにしていた黒川一帯にも花は多かった。しかし、この流域でゆったりと花見をしたことがない。なにしろこの川は、つかみどころがないといいたいほどに変化に富んでいた。下流は森に囲まれていたが、ある堰堤の上からは水が急に細くなって、白っぽい石の河原を縫って流れがかろうじて通っている。その部分を越えると、またゆたかな森が現れ、同時に水量の多い流れが回復する、というぐあいなのだった。

僕たちは、ためしにやるといった思いで、白い河原の細々とした流れにフライを浮かべてみた。すると、流れが少し厚いところから、一五センチの小アマゴがひっきりなしに顔を出した。魚はきまって一五センチか、それ以下。どこまで行ってもそれがつづくと、さすがに竿を振る気が失せる。僕たちは大急ぎで車に戻って、地図を頼りに支流を探す。すなわち、ヤマザクラの薄紅のかたまりを目にしたようだな、と気づくのは、夜の床につくときなのだった。

川幅一〇メートルほどの、穏やかないい支流があった。阪東さんが対岸のネコヤナギのかぶさっているたるみから、大きな魚をかけた。ていねいに寄せてみると、なんとこれが四国にはいないはずのイワナで、三〇センチを超えるそれは、黄色がかった明るい色をしていた。

この流れで生れたイワナかどうか、姿から推測することはできなかったけれど、いずれにしても釣り師が放流したイワナそのものか、その末裔であるに違いない。こんな山奥の、人知れぬような小さな流れに、渓流釣り師がやってきてイワナを放流する。そんな人物が存在するのが、ちょっと不思議な感じがした。

イワナが出た場所から一〇〇メートルほど上流に進んだあたりで、今度は僕が良型のアマゴをかけた。そいつは部厚い流れのど真ん中から出てきて、フライをくわえると底にもぐろうとした。寄せると、二七センチほどのアマゴで、朱点があざやかに大きかった。

きれいな魚体をつくづく眺めて、水に戻した。ようやく魚らしい魚をかけた。満足して前方を見ると、右岸の土手の斜面に、高さがゆうに三メートルはあろうかという、花ざかりのボケのかたまりがあった。赤と、白っぽい赤のまじった花が小枝から吹き出すように咲いている。

僕たちはボケの花と並ぶように、土手の斜面の青草の上に坐り、デイパックからお茶をとり出して飲んだ。そして僕は大仕事を果たしたような気分になって、コンビニで買ってきたおにぎりを一箇食べた。


川べりのボケの花といえば、もう一つ、奇妙な体験がある。

四万十川の長く、かつ曲折の多い流れからすると、かなり下流部に位置する、わりと大きな支流に入ったことがある。下流の支流といっても一〇〇〇メートル級の山の谷あいに入っていく。どうなっているのか、気まぐれな好奇心が働いたのだった。

四万十川との合流点から、流れに沿ってずっと舗装路がついていた。阪東さんが車を走らせ、時折小さな集落を通過したが、とにかく奥へ奥へと進んだ。道から覗く流れは落ち着いた渓流の姿をしていて悪くない。

車で山道を進むのに飽きたころ、立派な橋が現れ、橋のところで道が二つに分かれていた。右岸側に木々に囲まれた平らな広場があった。広場に下りる小さな坂道の上に車をとめたのは、その平地に山村では見かけないような、瀟洒な西洋館が建っていたからである。

西洋館といっても、木造である。外壁の裾まわりは横板が重なり、二メートルほど上からは白い漆喰である。その漆喰にうがたれている窓は、縦に長く大きい。その窓の形と、横板をライト・ブルーのペンキが塗られているのが、いかにも西洋館ふうだった。建物じたいもけっこう大きい。

車道から短い階段を下り、運動場のように土を固めた空地を通って、建物の入り口にまで行ってみた。その西洋館が何であるかを示す看板はかかっていなかった。とすると、予測したような公民館でもなく、幼稚園でもなく、また小・中学校の分校でもないらしい。

何だろうな、と改めて思ったとき、建物の奥のほうで、突然ピアノが鳴った。「春の小川」、それにつづいて「朧月夜《おぼろづきよ》」。子供のときに習った古い唱歌である。ピアノが古い歌の旋律をかなで終ると、それっきりであたりが静まりかえった。誰が、何のためにピアノをひいていたのか、僕は首をかしげるほかなかった。

車に戻るとき、舗装路と平地のあいだにある小さな斜面に、小さなボケが花をつけているのを見た。ボケは、均等の間をおいて並んでいて、みなきれいな赤と白の花を身にまとっていた。クサボケの花ざかりは、この西洋館のもつ静けさにいかにもふさわしいと、僕は思った。

西洋館が何であるかを確かめることなく、ふたたび車を走らせたのは、このあたりの流れが平らで穏やかであるのを橋の上から確認し、竿を振ってみようと、僕も阪東さんも思ったからである。

僕たちは二〇〇メートル上流あたりの小さな空地に車をとめ、川に入った。

瀬音もあまり耳につかない、静かな流れを少し進むと、左岸が低い土手になっていて、草つきの土手の上にはボケの花が一列、五メートルほどの間隔をおいて、小さな並木みたいにつづいていた。西洋館の斜面にあったのと、同じ手で植えられたものに違いない。そしてボケの赤い花は、やっぱりこの静かな流れにふさわしい、と思った。ボケ並木は、一〇〇メートルほどあったろうか。

それが尽きて、林の斜面が流れを囲むあたりで、二〇センチにみたないアマゴが出た。ようやくという感じで手にした一尾は、赤い斑点が可憐ではあったけれど、なぜかやっと生きのびている魚、という感じだった。

一時間ほどかけて、三匹の同じような型のアマゴを釣った。小魚の反応はあるけれど、思い切りよくフライにとびついてこない。したがって、あまり釣れない。うーん、これもこの渓流にふさわしいというべきか。

僕たちはボケの花のある場所に戻って、デイパックから道具を取り出して湯をわかし、コーヒーをいれた。自分たちがいまどこにいるのか、判然としないような高知の山奥で、庭木みたいなボケの花を見ながら、コーヒーを飲む。

「ここは、あまり釣れないところが、いいね」

僕がそんな負け惜しみを口にしたのは、半分本気でなくはなかった。こんなところで、大きなアマゴがばんばん釣れたら、ほんとうに気味が悪いではないか。

それから、さらに上流に行って数カ所でロッドを振り、夕刻、一気に林道を戻って、四万十川本流沿いの道に入った。帰りに、あの西洋館のあるところには、とまらなかった。

3 ライズをとる

四万十川の最上流に檮原《ゆすはら》町がある。

この古い町は（かつては隠れ里のような村であったかもしれない）、坂本龍馬など土佐藩士の脱藩の道で、町のそこここに「脱藩の道」の標識がある。峠をいくつか越えると伊予（愛媛県）側に出るのだが、深い山々が連なっているから、難儀なルートでもあったはずだ。

この町を少し下ったところで、四万十川は檮原川と四万《しま》川に分かれる。そして二つの支流はさらに小さな支流を入れながら奥地に向かっている。

阪東幸成さんとの四国行きは、黒川から峠を越えて高知県に入り、檮原川と四万川の周辺をうろつくことになった。地図を見て、当てずっぽうによさそうな支流に入るのだから、たまには集中的に釣れる流れに行き当ることもあったが、釣れないことのほうが多かった。それでも春になると四国に足を向けたのは、ちょっとよそでは見られないような春の風光があったからである。

四万川の最上流は、かつて民俗学者の宮本常一が「土佐源氏」の生涯の色ざんげを採録した茶屋谷という細流があり、僕にとっては檮原という場所は、土佐源氏の存在によってまだ見ぬ前から忘れられない場所になっていたのである。「土佐源氏」なる人物は、馬喰《ばくろう》として生活しながら土佐や伊予の山中で「身分の高い」女を追いかけまわした。最後は目を病んで、水車番をして生涯を終えたらしい。

佐野真一というノンフィクション作家が、檮原の奥地で「土佐源氏」のお孫さんにあって、「土佐源氏」の山本槌造が語りの名人であったことなどを突きとめているが

(『旅する巨人　宮本常一と渋沢敬三』)、その詳細はここではふれない。

それでも、「土佐源氏」ゆかりの茶屋谷でアマゴを釣ってみるのはちょっとおもしろいような気がして、阪東さんにその谷へ行くのを頼んだりした。行ってみると、谷は小さく、両岸が切り立っていて、「土佐源氏」がこの谷のどこに小屋をかけていたのか、探し当てようがなかった。


暗い谷を見て、ロッドを振る気もすっかり失せてしまった。考えてみると、「土佐源氏」の色ざんげはまことにおもしろいのだが、あえていえば秋の霧の匂いがした。春を求めて土佐の谷をさまよっている僕たちとは、じつに遠い所にある話なのである。早々に茶屋谷をあとにして、できるだけ頭上に春の空がひろがっている流れを求めた。

何という川だったか、しかとは覚えていない。阪東さんと二人で、それほど多くの流れを覗いてみたからだ。

車道の走る右側から、青草の敷かれた小さな斜面を滑り下りて流れに立った。左岸はおだやかな里山の林。流れはほぼまっすぐに上流に向かっている。深くはない瀬から、一投一尾でヤマメが顔を出したが(アマゴはまじらなかった)、すべて二〇センチ以下、なぜこんなにも小さい魚がどっさりと川にいるのだろう。一尾ぐらい二〇センチを超えるものが出たっていいではないか。

その不思議を確かめるようなつもりで、フライをさまざまに取り替えて、一キロほど進んだ。魚のサイズも渓相もまったく変わらなかったから、根負けして川からあがった。

流れに沿った道を車で三キロばかり走ると、流れは森のなかに入り、岩場になった。そこでもロッドを振ってみたが、下流にいた小ヤマメは一尾も現れず、いや、ヤマメそのものがまったく顔を出さず、ただ忙然として釣り場を変えるしかなかった。

これは一例だけれど、檮原周辺の川では、そんなことばかりがつづいたのである。もう少し何とかならないか、いや、なるはずだ、という思いに駆られて、春の四国の谷をさまよったのだった。

たった一度だけ、この地域の流れで心が安らぐようなことがあった。それも何という支流だったのか忘れてしまったのだが、少しあとから四国行きに加わるようになった宇田清さんと一緒だった。宇田さんはライズ取りが大好きで、川へ行く車のなかでライズ、ライズ、ライズと呪文みたいに唱えているひとである。その宇田さんと、ライズを取った午後があるのだから、忘れられない。

流れるともなく流れているという感じの、おだやかな水のひろがりがある。そのひろがりの右岸側から、細い水路が合流しているが、その小さな流れはひろがりのおだやかさを乱してはいない。

宇田さんと僕は、少し下流からのぼってきて、左岸にある枯れ葦を背にして立っていた。

宇田さんが目敏《めざと》くライズを見つけた。まず、右岸の低い石垣の下、ついで左岸の枯れ葦の根もとにも。

宇田さんは、右岸のライズを狙ってブルーダンのパラシュートを流し、難なくライズをとった。二三センチほどのヤマメで、キリリとした、いい姿をしていた。僕は、左岸の葦の根もとのライズをとるように、宇田さんに勧めた。めずらしく、遠慮したのである。宇田さんのフライがきれいにライズの一メートル先に落ちて、流れるともなく流れ、ゆらゆらと揺れた。前のと同じ型のヤマメが出た。

二つのライズを取ったあとも、ライズはやまなかった。あたたかい日差しが緑色の水のひろがりを包み、ミッジが羽化して水面に動いていた。そこに、コカゲロウか、小さなカゲロウがまじっている。

ライズが増えて、水のひろがりが賑やかになった。僕もエルクヘアー・カディスを十六番のパラシュートに替えて、魚を取った。魚は二五センチを超えなかったけれど、四国の流れの、春の日だまりのなかでライズを取ったことに、宇田さん共々、満足していた。

「やっとライズに出会ったね」

という宇田さんの声が、いまも耳もとに残っている。そして、緑色の水のひろがりが、目にしみるように残ってもいる。

4　サクラに囲まれて

一行が西条市のホテルで顔を合わせた昨日、午後の時間を使って加茂川上流に足を運んでみた。流れには雪代のような冷たさがあって、春はまだ少し遠くにある。しかしきょう、ここはすべてに春のいろがある。ここというのは、愛媛と高知を結ぶ、寒《かん》風山《ぷうざん》トンネルの愛媛側、国道194号線沿いを流れる谷川である。谷川というそっけない名を持つ渓流なのだ。

川の両側は急峻な高い斜面が水色の空を区切っているが、斜面には満開のヤマザクラが点々と浮かんでいる。

僕たちの一行というのは、二〇一四年から新しいメンバーになって、宇田清さん、綾部啓治さん、そして『フライロッダーズ』のS編集長である。車のなかから減水気味の谷川を見て、ここで竿を振ってみたいと思ったのは、僕ひとりではなかった。同行の綾部さん、宇田さんも「やろう、やろう」と賛成し、運転しているS編集長が、川沿いの空地に車をとめた。

空地には、一本の姿のいいヤマザクラがあって、風はないのにひっきりなしに花びらを降らせていた。集落の近くでは、もうサクラも終りに近いのだ。

それにしても、あたり一面の、春。

晴れた空は、うっすらと白いヴェールがかかっているように霞んでいる。空気はあたたかくあまい。人家の庭には、ヤシオツツジ、ヤマブキ、ドウダンなどがいっせいに咲いていて、そのせいで空気がこんなにあまいのか。

そして浅い流れがつづく水のいろが、場所によっては微かに浅緑いろを帯びて、これもまた、いかにも春の川である。この空気、この花々、この水のいろ。なんだか、いつもやっている北国の渓流釣りとは違うな。この流れのなかで、アマゴなりヤマメが遊んでいるとしたら、まずはその姿を見よう。見て、そのうえで釣る気になるかどうか、自分の気分を見きわめよう。流れに立ったとき、短いあいだだけれど、そんなことを思った。

宇田さんと綾部さん、そして僕の三人は、同じ場所から川に下りたけれど、相談するまでもなく、広い河原をつたって、互いに大きく離れた。離れたあとは、静かに流れをうかがい、流れに遊ぶだけ。

小さなライズを見つけると、さすがに風景を眺めているだけにはいかなくなって、十六番のブルーダン・パラシュートを投げてみると、すなおにフライに出る魚は二〇センチほどのアマゴだった。水のなかできらめく朱点も、また春のいろに数えることができる。

止水で見つけたライズは、とってみるとウグイだったりしたけれど、それをとりわけイヤだとも思わないのは、やはりいつもの釣りとは違う気分のなかにいるからだろうか。

一時間ほどで三匹のアマゴを釣り、なんとなく三人が同じところに集まった。僕は遠くからではあったが、二人の竿が魚をかけて曲るのを見ている。綾部啓治さんはテンカラ釣りの名手である。三・三メートルほどのテンカラ竿を使っていて、遠くからでも先端の曲りがよく見えた。

「どうも切りがなくなりそうですね、ここにいると」
僕がそうもちかけると、二人はゆったりと笑いながらうなずいた。一日、ここで遊ぶ予定ではない。予定のない釣行とはいえ、行きたいと目当てにしている場所はある。切りあげて高知側に向かうことにした。寒風山トンネルを抜けて高知県に入り、仁淀川上流部で遊ぶつもり。夜は西条市に戻ってこなければならない。

5　春の川の謎

目的地（というほどハッキリしてはいなかったが）である上八川川《かみやかわがわ》の釣り場をとばして、出来地《できじ》から本流の仁淀川に入ってみた。水が日本一美しいといわれる仁淀川の流れを目にしたいと、一行全員が思っていたからである。

仁淀川の中流部は、流れがあたたかい緑色を帯びて、ゆったりと動いていた。沈下橋のたもとに車を置いて、長い橋を渡ってみたりしたのだから、半ば観光気分である。川の上で春の日差しにくるまれて、うっとりする。観光が何かを見ることだとすれば、僕たちはただうっとりしているだけなのだから、これは観光の旅でさえなかった。四国の春の、魔法にかけられていたのである。

車をとめたあたりに、無人の販売小屋があって、八箇のハッサクが五〇〇円だった。その実は、見ている仁淀の流れにふさわしく、甘かった。

その後も、誰かがちょっととめて、というたびに車を運転するS編集長は律儀に車をとめてくれた。何を見るというわけでもない、神社の鳥居だったり、クスノキの大木だったりした。そんな寄り道を繰り返しながら、上八川川の上流部にたどりついたのは午後の二時過ぎだった。なお、正式には上八川川というらしいが、ここでは面倒だから以下は上八川で通すことにする。車を川沿いにとめたあたりは、けっこう川幅がひろかった。

偶然そうなったに違いないのだが、車をとめた空地から川沿いの細い道を三〇メートルほど進むと、満開のサトザクラの林になった。誰ひとり見る者もいないこんな場所に、なぜサトザクラの林があり、なぜ僕たちがその満開の花やぎのなかにいるのか、不思議な思いがあった。めったにない幸運をそんなふうに思ったのだ。さらに不思議なのは、僕がSさんに向かって、「この花の下で三人の写真をとって」と頼んだことである。

釣り支度をした、お世辞にもきれいとはいい難いかっこうの三人の男が、花の下で写真におさまってもどうにもなるものではない。僕は自分が頼んでおきながら頼んだことをいぶかしみ、「これは我ながらナゾだ！」と心のなかで呟いた。

川に来たときは、人間のナゾにつきあうよりも、川のナゾにつきあうほうがいい。そう思いながらも、サトザクラの下の青草の上に車座になって座り、朝コンビニで買ったオニギリなどを食べたのだから、やっぱりアマゴと同じぐらいに、サクラの花にもとりつかれていたのだろう。

それで、春の川に何かナゾはあったか。あった。きまったように二十分に一匹、二〇センチほどのアマゴ。どこまで行っても、誰の竿にもそんなぐあい。それがナゾといえばナゾだった。たいていは、魚が奇妙にかたまっている流れがあり、そこでは立てつづけにくるけれど、そこを過ぎると魚影がうすくなる。そんな流れが多い。この里川は違った。法則みたいに二十分に一度、アマゴが現れるのが、ナゾといえばナゾだった。

いや、待て。それだけじゃなかった。僕は綾部さんの振っているテンカラ竿を借りて、ひさしぶりに和式毛鉤釣りをやってみた。さすがに綾部さんの毛鉤である。ポイントに振りこむたびに、毛鉤に魚がついた。そのようにして、僕は四匹のハヤを釣ってしまったが、アマゴはゼロ。

綾部さんに竿を返すと、綾部さんが毛鉤にかけるのはすべてアマゴで、彼はすまなそうな顔をしてどんどん上流へ行ってしまった。はっきりいってこれはナゾではないね。あけすけに腕の差が現れただけのこと、明快な理由がある。

ものすごく釣れるわけではない。ここぞと狙いをつけても、大型がくるわけではない。同じ大きさの、かわいらしい魚が、一定の間隔で釣れる。きょうの天気のような、穏やかな釣り、そう思いながら二時間ほどで土手にあがると、不思議なことに、宇田さんも綾部さんも同じタイミングで川からあがり、三人が一緒になる。そこで、カメラに専心していたSさんがやってきて、「花がたくさんとれました」とにこやかだ。

しかし、まだ夕暮れには早い。

出発前に高知の釣り師から得ていた情報のなかで、上八川のすぐ近くに小川川という小渓があるのを、Sさんが知っていた。上八川と小川川が合流し、さらに南で仁淀川に入っている。僕たちは三十分ほどで小川川に着いた。

ほんとうに小さな里川である。

車を置いた、流れの屈曲する地点に立って見ていると、三〇〇メートルほど下流に入った綾部さんの釣り姿が手にとるように見えた。動きに無駄がない。歩き方、竿の振り方に一定のリズムがある。そのリズムのなかで、つぎつぎに魚をかけている。なんだか地元の人みたいに見える。

じつをいうと、綾部さんは、半分地元の人なのだ。いま宿泊している愛媛の西条市で少年時代を送った。だから長じてからも愛媛の谷はよく歩いているのだが、きょう高知に入って釣っている上八川と小川川は、初めてきた場所らしい。しかし、動きに無駄がないのにゆったりしている釣り姿は、やっぱり四国の春にふさわしく見える。まあ、この名手は、日本全国どこへ行っても、変らずにあんな姿なのかもしれないが。

この穏やかな里川で、宇田さんも僕も二〇センチ大のアマゴと遊んで、僕にしてはめずらしいことに、川を歩いているうちに少し眠くなってきた。楽しさの果てに、眠くなる。まあそれも、悪くはない。

春の日が傾きかけた頃、ここに来るときに目星をつけておいた上八川の下流部に立ち寄った。さっき移動する途中で、大きな流れになった川で、フライ・フィッシャーマンがロッドを振っているのを見かけた、その場所に入った。

金色の黄昏の光が、流れと頭上の橋を包んだ。ライズは見当たらない。ただ金色の微粒子があたりに漂っているような、春の夕暮れがあるばかりだった。

6　カツ定食かカツカレーか

夜は西条市のホテルに戻った。

西条市のビジネス・ホテルを初日とか二日目の基地にするようになってからは、ホテル近くのさまざまな食い物屋を利用するようになった。ホテルの前とわきの道が広い国道で十字路をつくっている。十字路の近辺に、鮨屋、中華料理屋、洋食屋、ラーメン屋、ファミリー・レストランなどがずらりと軒を接していて、選択に迷うほどなのである。

綾部啓治、宇田清、S編集長、そして僕というメンバーで、二回、三回とそのホテルに泊まったが、選択に迷うけれど、もめることはなかった。どこもそこそこで、まずくもないが、うまくもない。全員それでいいんじゃないか、と思っているのである。

結果として、二回以上入ったのは、鮨屋と洋食屋だった。回転寿司的鮨屋で何を食べたか思い出せないのは、まあ仕方がないとして、洋食屋で食べたのが、とんかつ定食だったかカツカレーだったか、翌日の夜に思い出せなくなっていたのにガク然とした。もっとも、忘れているぐらいなのだから次の日の夜の食事は何だっていいということになり、世は太平というわけだ。

しかし、新しい発見もあった。

広い国道沿いの、少し奥まったところにその喫茶店があった。夜、新しい食い物屋を探しているときにそこを見つけた。夕食のあと、八時過ぎに店に入っていくと、四十がらみの気さくなオヤジが迎えてくれた。店内は中学校の家庭科教室みたいな感じで、けっこう広い。出てきたコーヒーもアイスクリームもうまかった。

朝八時からやっているというので、翌朝、釣り場に入る前に行ってみた。ベーコン、フライドエッグ、大量のサラダ、トースト、コーヒー。それで三〇〇円しなかったと思う。この正しい朝食を姿勢正しく食べて、勇躍われわれは釣り場に向かうことができた。全員にわかにここをひいきにして、夕食のあとのコーヒーにも、二日連続してやってきた。

それが一昨年のこと。一年おいて今年の四月、その店へ行ったら、扉が閉まっていた。外から覗いてみると、臨時休業ではなく、閉店になっている気配がある。四国での楽しみがひとつなくなった。

そのかわり、というわけではないが、西条市の町なかから少し離れたところに、うどん屋を発見した。どこかに讃岐うどん屋があるはず、と探したのである。純正讃岐うどんかどうかはわからないけれど（ここは伊予でもあることだし）、十分にうまい。めいめい好みに従って、熱いスープや冷いスープ、それに具のいろいろを注文して、うどんを堪能した。これは、新しい楽しみになる。

7　花の言葉が聞きとれず

四国の渓流は、そうとうに複雑だ。どこに向かっているのか、どこで別の川と合流しているのか、よくよく地図を見ないとわからなくなる。

安居《やすい》渓谷もその一つだが、土居川と合してそれが仁淀川にそそぐのは、まず確かなことである。

仲間の一行のうち、綾部さんだけがこの谷の最上流部まで行ったことがある。四国出身の綾部さんの説明を聞きながら、僕たちも車で行ける最上流部まで行くことにした。

途中、谷のなかの巨岩の上に、小さな鳥居と祠堂《しどう》があった。五メートル以上の高さをもつ、あの卵型の巨岩に、人はどうやって登ったのか、綾部さんは想像をたくましく、そのやしろの存在に興じていた。

かなり大きな、複雑な地形をもつ滝があった。流れはずっと下にある。

降ったり止んだりしていた雨が、安居渓谷の入り口に到着した頃、強くなった。食堂のような大きな建物が流れのほとりにあったが、誰もいなかった。店は臨時休業なのだろう。

その上流にある流れは、静かで、いい流れだったけれど、雨のなかで風景が暗かった。この雨では、ちょっとロッドを振る気にならない。僕たちはめいめいが傘を差して、流れの周りをうろうろしていた。

車に戻ったところで、僕は山に登るような舗道をちょっと進んでみてくれないか、とS編集長に頼んだ。下からは見えないが、その上に明るい場所がある。なぜかそう思った。

道をのぼりきると、ちょっとした広場をヤマザクラの花が囲んでいた。雨に濡れて、花びらが隠しもっていた濃い紅色が表ににじみ出してきたのか。五、六本の、満開の花をもつ桜木に、車を降りた僕たちも囲まれた。

花は、何かを語りかけている。しかし、それが聞こえない。聞こえるように思えるのに、言葉にならない。

この花々、誰にも見られず、雨のなかに咲き誇っている。寡黙なこの花々は、四国で数多く出会ったサクラのうちで、最も美しいといえるかもしれない。

冷たい雨が傘をさす手の甲を濡らすのを感じながら、なおしばらく、僕は花の言葉を聞こうとした。

8　春の別れ

いつの年だったか、明日は岡山に戻って、夜の新幹線で東京に戻るという夜、高知と愛媛の国ざかいにある木の香温泉に泊まった。湯に入り、食堂で夕食をとっていると、この日ろくに釣りをしなかったことに気づいた。仁淀川周辺のドライヴを楽しんで、ロッドをほとんど出さなかったのである。かくべつそれが不満ではなかったが、一日が終ろうとするとき、やっぱり物足りない気分になった。フライ・フィッシャーマンの欲が動いてくる。

明日は、宇田さんと数年前に一緒に行った、「あの川」に入ろうという話になった。川の名前さえ忘れているのだが、近くに料亭みたいなしゃれた建物があり、それを横目で見ながら竿を振った。退屈しないほどにアマゴが出て、なかには二五センチぐらいのがまじった。「あの川」の下流部なら、良い型に出会えるかもしれない。

宇田さんと地図を見ながら、ここだ、イヤ、こっちだと相談。ようやく場所の見当がついた。

そのかたわらで、綾部さんがバイスを使わずにみごとな和式毛鉤を巻いてみせている。Sさんのカメラが、その工程を詳細に追っている。ようやく釣りの旅の雰囲気になってきた。


山のなかにそぐわない、料亭のような、あるいは高級な寮のような建物の一部が奥のほうに見える。数年前、宇田さんとやってきたのは、たしかにここだった。

敷地になっている斜面を下りたところが、大岩が重なる川で、岩を縫って水が複雑に流れていた。数年前は、ここから上の流れで何匹かの魚が出たのだったが、きょうはなぜか釣れる気がしなかった。ちょっと水にさわるような感じでフライを浮かべてみたが、やっぱり魚は出なかった。

　宇田さんも、どうやら同じことを思っていたらしい。近寄って顔を合わせると、「さっき通り過ぎてきた下流のほうがよさそうだね」といった。まったく同じ考えだった。車で三十分下流に戻ると、別天地のような流れがそこに現れた。

　幹線道路が近くにあるのに、流れの前に立つと車の行き交う音が消えた。広い河原のなかに、ゆったりと流れが動き、ざわめくような水の呟きがあるばかり。その水は少しあたたかさを取り戻した春のいろをしていた。

　四人が二人ずつ組んで交互に進んでも、もう一組を邪魔しないですむだけの、河原の広さがあった（最終日の最後の釣りに、S編集長もようやくロッドを手に流れに立った）。

　そして、両岸の木々の、いろとりどりの芽吹き。谷の春はまだ浅く、木々のいろは緑より赤味を帯びた新芽の連なりだった。岸辺の少し上のほうに、隠れたようにヤマザクラの花々があるのは、ときおり流れに浮かんで運ばれてくる花びらから知ることができた。

　深みをつくっている流れがスッと開く、そのカケアガリのあたりで、ポツンポツンとライズがあった。ライズをしているアマゴはすなおに十四番のパラシュートに食いついてきた。

澄みきった水底の、白く、また金色に輝く小石の上に、朱点をもつ魚体が現れ、手もとに寄ってくる。自分がキャストしたときも、宇田さんがＣＤＣモンシロを投じたときも、同じ結果をもつ物語みたいに、春のアマゴが姿を現した。いや、同じ物語じゃない。きのうまでとは違って、ときどき二五センチほどの中型がまじって、リーダーが水面を切る動きをする楽しみがあった。

流れも、木々の芽吹きも、魚も、すべてが一体となって、僕たちを誘いこんだ。誘いこんで、永遠の春のなかに連れてゆこうとする。こんな谷に、ひとりでいるんじゃなくてよかった。あぶない、家に帰れなくなる。綾部さんや宇田さんの笑顔が、一緒に四国の谷に遊びに来ているのを告げている。

僕は我に返るように、そのことを思い、やがて、もう数時間で、この谷の春に別れなければならないんだ、と自分にいい聞かせた。

晩夏の流れに立って

1　魚は消えていた

八月二十七日。午前中は、岩手の三陸海岸に流れこむいくつもの独立河川のなかでも、流れのたたずまいや支流との組み合わせがいちばん気に入っている流れに遊んだ。とりわけ、その支流はほんとうに不思議な小渓で、いつ行っても魚が釣れる。

そういえば、不思議なほど魚が釣れる川、というういい方はあるけれど、不思議なほど釣れない川、といういい方はないな。釣れない川の存在は不思議でもなんでもない。たいていの川は釣れないのだから、そういういい方は、成立しないんだね。

僕はそんな他愛もないことを、車を運転する宇田清さんに語りかけた。午前中に、不思議なほど釣れる川で遊び、ためらいなくフライに出てくるイワナ釣りを楽しんだ。『フライロッダーズ』のS編集長が後部座席で笑っている。僕たちはこれから一時間弱のドライヴで、もう一つの不思議なほど釣れる川に向かっているのだ。

その谷はずいぶん以前から僕の釣り場ではあったけれど、上流部と下流部を仕切るようにして大きな堰堤があり、その堰堤の上の峠の頂に近い流れに好んで遊ぶようになったのは、この五、六年のことである。

堰堤の上でしばらくつづく岩場の多い激流が、あるところからふっと静まり返って、落差の小さい、ゆるやかな谷になった。流れの底はおおむねが白っぽい砂で、砂場のところどころに、大小の石が吹き寄せられたように集まっている部分がある。盛期の活発に餌をとる時期には、イワナはせいぜいが二メートル四方の石の吹きだまりに出ていた。ときには、小さな岩場から離れて、明るい砂の上に出てしきりに餌をとっている魚もいた。

イワナの姿を目視し、フライを流す。昔ふうの言葉を使えば見釣りである。キャスティングと、さらにはプレゼンテーションの巧拙が問われるような釣りだから、それができるときは他の流れではなかなか味わえない楽しさがあった。

しかし、この日、イワナは岩場にも砂地にも出ていなかった。

いつもよりかなり水が多く、流れに薄い濁りが入っていた。おそらくは、昨日か一昨日あたり、かなりの雨が降ったのだろう。一見して、こんなときにイワナはどこに身を潜めるのかと思ってしまうほど、川には隠れ場所がない。おそらく魚は、左右の両岸が流れに落ちるときにかろうじてつくっている、細い溝のなかにいるのだ。

そのことを証明して見せるような釣りを、宇田さんがやったのはさすがだった。岸が流れとまじわる翳りの部分に、しつこくフライを流して、二二、三センチのイワナを宇田さんは手にした。宇田さんはそんな釣りをしてみせたうえで、だからここはあきらめて、「あがりましょう」といった。

夕暮れが近い。僕たちは「不思議に釣れるはずの川」を見切って、この日最後の川へと、ふたたび車に乗った。そして、遠野盆地のはずれにある、広い瀬のある川で、暗くなるまでロッドを振った。暗い流れから、少し赤みをました肌をもつヤマメを何匹か手元に寄せた。

2　一杯のコーヒーの味

翌二十八日は、話のはずみでそうなったのだったか、秋田行になった。この日は、仕事のつごうがついた高橋啓司さんも一緒である。

前夜、啓ちゃんも加わって晩飯になったとき、あすはどの川へ行くかという話になった。宇田さんか啓ちゃんのどちらかが、小坂川の野口集落より上の流れがすっかり変わって、昔のように竿を振れるようになった、という情報を披露した。

二メートルほどの低い堰堤が四つか五つつづく流れが一キロほどある。僕が小坂川へ行きはじめた頃は、その低い堰堤に区切られた短い区間に曲りくねった複雑な流れがあって、流れを守るヤナギやクルミの木が適当に生えていた。年々、その区間のヤブがひどくなり、流れもまた命を失ったように辿りづらくなった。それが整備されたのなら、ぜひその姿を見たい。そういう話になったのである。

僕たちは花巻を早立ちして、小坂へ向かった。晩夏の快晴の一日である。

しかし、野口集落あたりから始まる、整備された小坂川に立ってみると、すぐに期待が裏切られたのを知った。整備のされ方が徹底しすぎたのかもしれない。流れを縁取っていた樹木が思いきって伐られ、灌木は多くのばあい根こそぎにされ、ただ人工的に造られた流れがそこにある、というだけだった。ヘタな造園みたいなものである。ヤブがひどくなった頃とはちょうど反対側の方向で、いまはいまで昔日の面影がまったく失われていたのである。

低い堰堤の二段分ばかりの距離を、ロッドを振って進んでみたが、魚は出てこなかった。流れのようすからいっても、それは納得できる解答だった。

この川へ最初に来たのは、一九八〇年代の中頃だったろうか。そのとき、渓流釣りには奇蹟みたいなことが起きるのを、実際に経験したのである。

何番目の堰堤の下だったろうか。かなりいくつかを乗り越えたあとだったと思う。低い堰堤の下には一面にコンクリートが敷かれ、薄い布のような水がその上をつたって、コンクリートと土砂の境に落ちる。落ちるといっても、そんな落差があるわけではないから、薄い流れが薄いままに流れて、他の流れと結びついて新しい流れをその四、五メートル下流でつくろうとしている。深さはせいぜい踝《くるぶし》まで。

僕は、コンクリートと土砂の境目に、赤いものが動くのを見た。水深一〇センチにも満たないこんなところに、魚がいるわけがないけれど、五メートル左側の水のなかのあの赤いものは何だろう。

手をのばすかわりに、ロッドを振って、ブルーダン・パラシュートをコンクリートの薄い流れの上に置いた。土砂のはじまるところで、赤いものが大きな動きでフライに跳びかかった。

浅い流れを左へ右へ、矢のように走りまわる魚を、ようやくコンクリートの上に引っぱりあげた。まだ勢いよく暴れるその魚がヤマメであるのは、竿を立ててのやりとりのなかでわかっていた。膝をつき、全身でおおいかぶさるかっこうで、三〇センチを超えるヤマメを手にした。

なんという魚体だろう。丸い、という感じのする体高のある姿。しかし何よりも驚いたのは、頬から鰓をふくんで、鮮烈に赤い帯が体側に走っていることだった。水中にあるとき、やはりニジマスか、と何度か思ったが、手にしたのはそれまで見たことがなかったような、新しいヤマメだった。季節は七月初めだったし、婚姻色というのではない。そういう色をしたヤマメ、つまりは新しいヤマメと思うしかなかった。

翌年だったか、最初の年の興奮から少しは覚めていたのだろう。一緒に行った友人と、流れのようすを少し子細に観察した。全体が浅い流れのところどころに、クレソンの群生がある。その塊をひっくり返してみると、みごとに赤いカワエビがクレソンの根から飛び散った。時期にもよるのだろうが、ヤマメはこれを主たる餌にしているに違いない。

秋田では、小坂川のヤマメに似た魚にけっこう出会うことが多くなったが、僕は最初の十年は熱心に、その後は思い出したように、小坂川に通い、いつのまにか足が遠のいていたのである。

さて、この日に話を戻そう。

野口集落あたりの流れをあきらめて、ずっと下流の数カ所で竿を振ってみた。ところどころに先行の車がとまっていて興をそがれた。またある場所ではなぜか大ヤブこぎをやることになって体力を失い、それにつれてヤル気も失った。

それでも、気分が沈む、ということはなかった。第一に、この川の思い出というのは、あまりに輝かしくて、一回の不発で消えるものではない。第二に、僕たちはみんなが小坂という古い鉱山町が好きで、この町に居るのが楽しいのだ。

川からあがって、昔からよく行く食堂に入って昼飯にした。昼飯のあと、近くをぶらぶら歩いていると、新しくできたお土産屋兼喫茶店があって、コーヒーの香りが漂っている。誰いうともなく屋外のテーブルのまわりに座って、コーヒーを注文した。

そのコーヒーがうまかった。小坂という町には、どこかしら新しもの好きという表情がある。それが異国情緒みたいに僕たちをひきつけるのだろう。そんな話をしながら、長い時間をかけて一杯のコーヒーを飲んだ。

3　充実した一日の終り

午後は、思いきって方向を変えて、僕が十年以上前に知った流れに入った。

そのとき、角館の近くに住む友人と二人、なんとなくその流れの周辺をうろついて、偶然に見つけた釣り場だった。釣りの案内書が無視しているその川は、たしかに中流部では歩きやすい浅い瀬の流れがつづき、誰もが竿を出す気にはなりそうもなかった。僕たちはその日(秋の初めだったが)、行き場に困っていたせいもあって、とにかくこの流れをためしてみよう、ということになった。

それが、夢のような釣りになった。両岸が丈高い落葉樹に縁取られていて、見上げると川の流れのような空があった。二人並んで釣っても十分というほどの川幅があったが、流れが翳りをおびて暗かったのは、木々がつくる陰のせいではなく、雲が多い日和のせいだったからかもしれない。

さして速くもない、水深二〇センチほどのおとなしい瀬のなかから、尽きることがないという感じでヤマメが出た。一七、八センチの小ヤマメが多かったが、なかには二五センチほどの中型がまじった。秋の初めだったけれど、崩れたところがない。くっきりとしたパーマークが特徴の魚だった。

一キロに満たないその流れは、大げさではなく、僕たちを先に進ませなかった。魚のいる場所を捨てるのでなければ、左右前後に竿を振って魚の相手をするしかない。その日は行き場に困っていたから、その欲求不満を晴らすように、僕たちは釣っては放すという動きをくりかえした。

といっても、いつのまにか両岸を樹木に飾られたその区間を歩ききったのだろう。川幅が狭くなり、流れのなかに大小の岩場ができている場所に出て、小さいながら初めてイワナがかかった。

あたりがさらに暗さを増してきていた。見上げると、高くに雲がある曇り空が、どこからともなくくる夕陽の色をおびていた。もう十分だ、と思うことにしよう。あす、また別の釣りをする。そのためには、きょう、ここで終りにしなければならない。雲の色を見ながら、そんなふうに思ったことを覚えている。

去年、その川を思いだして、宇田さん、啓ちゃんに話すと、さすがに二人は川の存在は知っていた。通りがかったけれど、まともに竿を振ることはなかったらしい。去年の夏はその川のうんと上流までいって、広い河原を散歩しながら三人で魚と戯れた。

去年と同じ流れのほとりに立ったのは、三時をまわっていただろうか。

林道のそばで、流れは二つに分かれ、左右とも同じぐらいの大きさである。啓ちゃんは合流点より下流に向かい、宇田さんは合流点の、少しは流れの厚いあたりに目をこらしている。僕は左岐の支流（こっちが本流か？）に入った。

渇水といっていいほど水が少なく、細々とした流れから魚が出るかどうか危ぶまれたが、エルクヘアー・カディスがわずかでも動き出すと、ヤマメが姿を現した。少し流れができているところでは、複数の魚が動いた。

一〇〇メートルほど進んだところで、宇田さんが僕に追いついてきた。下のほうの、ほんとうに薄い流れで、尺イワナをかけた、と話してくれた。

交互に、細くなった流れにフライを落とした。ヤマメが、ときには中型のイワナも、ためらうことなく、フライに顔を出した。宇田さんとあまり言葉を交わすこともなく、小さな合図だけで、谷を進んだ。晩夏の、水の薄い流れのヤマメと語りあいながら進んでいく。いい気なことを承知でいえば、そこにあるのは、何よりも安らぎ。さらにいえば、もしかして、大ヤマメに会えるのではないかという、それにとりたてて固執しているわけではない期待。楽しい気分のなかで、足が前に進む。そして魚が釣れつづける。流れを少しずつ進んでゆくと、この流れに何か特別な充実があるように感じる。

少し遅れて、宇田さんが立つ流れの曲り角までゆくと、彼は左手で前方を指した。顔が笑っている。五〇メートル先に、流れをのぞくように見ている啓ちゃんがいた。下流から一度あがって林道を歩き、僕たちの姿を見ながら、距離をおいて流れに入ったらしい。

見ていると、すぐに啓ちゃんのロッドが曲った。まずまずの魚は、ヤマメらしい。あたりが暗くならないうちに、釣りをやめた。きょうの空は夕暮れになっても明るくて、高い空にある雲の陰翳があざやかだ。林道をゆっくりと戻った。歩きながら、体が心地よく疲れているのを感じた。劇的なことは何も起こらないけれど、充実した一日の終りがいまなのだ、と思った。

少しだけ怖い話

1　ビーンビーンビーン

谷にそって、わりと広い県道が走っている。けれども、行き交う車は少なくて、そのせいかそうとうな山奥に来ている感じがする。人里を遠く離れた山岳渓流ではなかった。僕には初めての谷だったが、運転している宇田清さんは何度も来ている場所であるらしい。

駐車場がわりになるような、道が広くなっているところにすっと車をとめ、このへんからやりましょうと、予定していたようにいった。見るとガードレールが切れている部分から、ゆるやかに林に下りる踏み跡がついている。

前の川でやった、ウェーダー姿のままだったから、すぐにロッドを手にして車を降りた。林は下草がほとんどなく、歩きやすかった。まっすぐに流れに出た。

小さな河原に立って、あたりをちょっと観察したあとで、ロッドを振り始めた。ゆるやかで広い瀬が、ほぼ一〇〇メートルつづいている。ごくふつうの、というより竿の振りやすい流れだった。その一〇〇メートルで、宇田さんと僕は、中型のイワナを二匹ずつとった。岩手の川でよく見かける、少し体側の褐色が濃い、たくましい姿のイワナだった。

長い瀬が終ったあたりから、流れのなかに大きな岩が重なるように現れて、階段状の小滝と落ちこみをつくっている。ちょっとけわしいその場所を避けるため、左岸の林のなかにあがり、草つきや灌木のない歩きやすい林を三〇メートルほど上流に向かって歩いた。

そのとき、左手の瀬音にまじって、ビーンビーンという変な機械音がして、林のなかに不意に人が現れた。ビーンビーンという音は、その男が手にしたチェーン・ソーを動かしていたからで、男はチェーン・ソーを動かしながら歩いていたのである。

林は木々が密生していたわけではなく、古い落葉が積っている地面は歩きやすい。男は何でチェーン・ソーを鳴らしているんだろう、というのが、最初にその姿を見たときの疑問だった。

　がっしりした体つきのそのおやじは、僕たちの五メートル前で立ちどまった。いや、そうじゃない、立ちどまったのは僕たちが先で、おやじはそれにあわせて歩くのをやめた。そして、「あんたら、イワナ釣りか」といい、いい終ると、また伴奏みたいにチェーン・ソーをビーンと鳴らした。以後、妙に間のびした、ゆっくりしたしゃべり方でセリフをいうたびに、そのあとビーンと鳴らす。どうもこれは一種の威嚇《いかく》ではないか、と思ったが、そうだとしても何のために僕たちを脅す必要があるのか、見当がつかなかった。

「ヒトガタムシがいたろ？」ビーン。

「え？」

「魚に、ヒトガタムシがついてたろ？」ビーン。

「ヒトガタムシって何ですか？」

「虫だ、虫。このへんのイワナに、みんなついてるだ。人のカタチした虫だ。気味わりいぞ。おめら、魚釣ったんだろ、気がつかなかったか」ビーン。

「虫？　ついてなかったなあ」

「いんにゃ、このへんの魚にはみんなついてる。だすけ、釣っても食わんねわ、魚は」ビーン。

「いや、魚は釣っても、放すからね。もともと、食べる気はないんだ」

「なに。放すだと。ヒトガタ見れば、放すしかね。釣っても食わんねわ、気味わるくて」ビーン。

気味わるいのは、あんたのほうだよ、とはいえなかった。「ああ、わかりましたよ」といい、おやじを避けるように、県道のほうへ歩きだした。僕たちが歩きだすと、おやじはまたチェーン・ソーをビンビン鳴らしだしたが、しばらくすると音がやんだ。で、チラリと背後を振り返ってみると、おやじはよたよたと、林のなかを下流のほうへ歩いていった。

僕たちは二人ともホッと溜め息をついた。あとで聞くと、宇田さんもなにかしらん、危機をのがれた、という気分だった、といった。うーん、たしかにそうだ。テキはチェーン・ソー、こっちが手にしているのは、バンブー・ロッド、勝負にならない。いやいや、なんで勝負しなきゃならないのか、さっぱりわからない。二人は、「なんだ、あれは」「変なヤツだなあ」といいあった。

おやじは、このへんのイワナには、ヒトガタムシだかヒトカタムシだか、おそらくは寄生虫がいる、といったのだ。しかし、僕も宇田さんも、そういう寄生虫については知らなかったのである。

しかし、僕たちは十五分ほどのちに、それを知ることになった。

いったん車に戻り、上流に向かって一キロほど走り、二人はもう一度川に下りた。すぐにイワナを釣りあげ、フライをはずそうとすると、口のなかに白い虫がいた。虫をつまみだして、石の上に置く。大の字の横棒をうんと短くした、一センチほどの、白い虫。なるほど、これをヒトカタ虫と呼ぶにふさわしい。それが五匹ほど、口から喉にかけて見えた。

二人は交互に三匹のイワナをかけて口中を覗いてみたが、魚の大小にかかわらず虫はいて、なかの一尾は、虫が口からこぼれ落ちんばかりに多かった。

あとで家に帰って、ヒトカタムシなるものを調べてみた。サルミンコーラ属の寄生虫。主にサケ科の魚に寄生するとされていたが、それ以上の詳しい説明は得ることができなかった。

宇田さんとは、後々まであのおやじのことが話題になった。

「あれでも、親切のつもりで、教えてくれたのかなあ」と、心やさしい宇田さんはいう。「じゃあ、あのチェーン・ソーのビーンはなんなのさ。怖がらせるだけじゃない」と僕。

もう一つ怖いのは、おやじの顔であった。丸顔で、ゴマシオの短髪にねじりハチマキをしている。その丸顔が、じつにとりとめがない。目は鋭く細いけれども、何を見ているのか、方向がわからない。口も唇も大きくて、ひんまがっている。ひんまがって、笑っているように見えたが、ノコギリのビーンという伴奏は、笑いから遠くにあった。

ああいう男が水辺を歩いている。これは少しではなく、相当に怖いことであるような気がする。

2　あのざわめきは

あなたと一緒に谷に入ると、どうも変なこと、怖いことが起こるんだよ、と宇田清さんにいわれたことがあった。なんだか濡れ衣《ぎぬ》をきせられている、とは思ったが、いっぽうで、彼がなぜそういうのか、推測できる事態がないわけではないことに気づいた。

じつは、前に一度、この話は書いたことがあるのだが、そこでは大事な一点を書かないでおいたのである。何を書かなかったのかを伝えるために、前の話をここで語り直すことにしたい。

北上川水系にあるその川は、行きやすいということもあって、僕たちの釣りの本拠地の一つであった。下流部にちょっと大きなダムがあり、そのダムは戦後すぐにできたもの。ある年に、ダムの大規模な改修工事があって、車道が通行禁止になり、川へ行けなくなった。そこで、宇田さんはいろんな人に取材して、ダムの少し上流部に出る道があるのを突きとめた。ただその道へ出るためには、二度三度と大きな峠を越えなければならない。

しかし、川へ出れば、今年は春から禁漁状態だったのだから、魚はうんと釣れるはず、よければ行ってみようか、と宇田さんがもちかけてきて、僕はすぐに賛成。八月の一日、あてどない長いドライヴになった。

その川と平行して走る川の、いちばん上流部まで行って、そこから複雑きわまりない林道をたどる。五万分の一地図を手にしていたが、林道に関してはほとんど役に立たず、見当だけを頼りに右往左往した。ドライヴァーの宇田さんが何か怪しいと思って車をとめ、道の先を見に行ったら、一〇メートル先で道が削られ、赤土がむき出しの崖になっていた、なんてことさえあった。

それでも、午後四時頃、僕たちはダムから一キロほど上流の、見覚えのある場所に出ることができた。むろん、川には車の気配も人の気配もない。ダムに近い、静かな流れで思う存分良型のヤマメを釣ったが、釣りについて語るのは、ここでの目的ではないので先に進む。

気がつくと、流れに夕闇が下りてきつつあった。車は少し下流の、林道のはずれにある小さな広場に置いてある。「戻ろうか」といいあって、僕たちは満足しつつ川からあがった。

ダムの底を改めて掘り起こしたらしく、土を積みあげた二〇メートルほどの小山が随所にできている。その小山のあいだを細い道がぐねぐねと走っていて、暗くなった小山を見あげながら道を伝って車のある林道に出ようとした。

ふっとその林道が目の前に現れたときは、あたりの夕闇は濃くなっていて、空にはわずかに夕日の余光が残っているだけ。暗くなった林道を急ぎ足で進んでいくと、左手の林のなかから人のざわめくのが聞こえてきた。かなりの人数が林のなかにいて、低い声で語りあっている。言葉けはっきりと聞きとれないが、ざわめきが風のように流れてくる。

こんなところに、工事の人たちがいるのか、と歩きながら左手の林に目をやると、木々に囲まれて、石が折り重なるように立っていた。足をとめて見ると、古い墓石が二十ばかり、寄りそいあうように立っている。ざわめきが聞こえたもとは、これなのか、と思うと背筋が冷たく固まったが、僕はざわめきについてはいわなかった。足をとめているとき、ざわめきは消えていた。

昔のお墓だね、と宇田さんがいい、僕は、そう、このへんに村があったんだろうね、きっと、とだけ応じ、そそくさとふたたび歩きはじめた。と、五メートルほど過ぎたとき、もう一度、ざわめきが、さらさらと風に木の葉が鳴るように耳に入ってきた。怖いな、と思って足を進め、歩きながら後ろを振り返った。

並んで歩いていた宇田さんが、ヒャーというような奇声をあげて、僕の右肩に手をかけて跳びあがった。彼の横顔が僕の頭の上に見えたのだから、おそらく一メートルぐらい上に跳んだはずだ。

どうしたんですか、と僕はあわてていった。宇田さんも、あのざわめきを耳にしたのか。着地した宇田さんが声をとがらせていった、あー怖かった、振り返るなんて、あれはないよ。

そうか、だったらよかった、と僕はその瞬間思った。宇田さんが同じざわめきを聞いた、といったら、僕は恐怖でへたりこんでしまっただろう。僕は自分が聞いたものについてはいわず、振り返ったことを詫びて、それにしてもずいぶん跳んだねえ、と笑い話にしてしまった。

それからしばらくは、会うたびに僕の軽挙について、宇田さんは笑いながらいさめたが、ほんとうは返す言葉もなかったのである。あのざわめくような人声は、いったい何だったのだろう。いや、思い返したくもない。

3　サクラの園

一九八〇年代の前半までは、ひとりで山や渓谷に入ることが多かった。どういうわけか、フライ・フィッシングをひとりで始めたので、友人と一緒に谷で遊ぶということもあまりなかったのである。ひとりで、谷へ行く基地となる町に行き、そこから電車に乗ったりタクシーを利用したりして、川のほとりに立った。それで、町のタクシーの運転手と親しくなることがけっこう多かった。

新潟県の新発田《しばた》市のタクシー運転手のHさんは、僕より十歳ほど年上だったが、そのひとの家にまで上りこんで夜食をご馳走になったことがあるほど、親しくなった。さすがにそれは一度だけだったけれど。

Hさんは新発田近郊の生れで、周辺の田舎の地理に驚くほど詳しく、僕が考えてもみなかった川のほとりに再三にわたって連れていってくれたのである。K川は、新発田周辺を代表する流れだったが、その中流域にある不思議な場所に連れていってくれたのは、Hさんの才覚であった。彼がなぜそんな場所を知っていたのかは、聞きそびれてしまったのだけれど。

四月二十日頃であった。あたりはサクラが満開で、Hさんはきょうの午後は花見のできるところへ連れて行きたい、といった。Hさんのいう通りにS川での釣りを午後二時で切りあげた僕を、拾いあげ、知らない道をたどってK川の中流域に連れていってくれたのだった。流れが見える林道で僕をおろし、流れは広いけれど、ヤマメはいるはず、夕方六時に迎えにくるといって、Hさんは去った。

河原が広い。広い河原をゆったりと曲りながら、幅二〇メートルの流れがある。河原はこまかい砂利で、水辺から少し離れると、起伏がほとんどない地面を青草がおおっていた。そして大きなサクラの木が満開の花をつけて、二〇メートルおきぐらいに立っていた。これはほとんど庭園の風景ではないか、サクラの園だ。こんな流れにヤマメがいるとは思えないけれど、たしかに花見にはなる。

岸辺の水は浅かったけれど、立ちこむ必要はない。五メートル先はやや水が厚くなっていて、そこに十四番のライト・ケーヒルを落とすと、すぐに小さな魚が反応した。手もとに寄せてみると、これがヤマメではなく、小さなニジマスだった。しかも、尾鰭も胸鰭もきちんと張っていて、美しい。

不思議だなあと思いつつ、釣り師の習性にしたがうようにロッドを振り、流れの真ん中にフライを浮かべると、すぐにまた一五センチほどのニジマスがきた。

釣れるのはすべて小さな、けれど素性正しいといわんばかりの美しい姿のニジマスで、それが一投一尾というせわしなさで釣れてくる。なぜそうなのか、ほとんど考えもせずに三〇メートルほど流れを進むと、川はゆったりとサクラ木の林のなかを曲っていた。そして五〇〇メートルほど、夢中でロッドを振りつづけたが、釣れるのはみな同型のニジマス。曲りくねった静かな浅い流れに、小さなニジマスがざわめいていた。小一時間ほどして流れから少し後退してサクラの木の下の青草に腰を下ろし、僕はこれはいったい何事か、とやや正気に戻って考えた。

サクラの木は、人工的に植えられたものに違いない。上流にダムがあるはずの流れは、起伏の小さい林のなかを、ゆったりと流れる。それもあり得ないことではない。しかし、このニジマスの群れは何だ？　だれかが放流でもしたのか、としたら何のために？

そこまで考えてみたものの、答はむろん見つからない。あるのは、満開の花の林で、美しい小ニジマスを釣りつづけるという、夢みたいな現実があるだけ。考えても答は見つけだせないのだから、どこまでニジマスが釣れつづけるのか、もう少しやってみたいと思って僕は立ちあがった。もちろん、好奇心だけでそうしたのではなく、自分のなかで釣り師の意地きたなさが動いていたのを、僕は意識してもいた。どこかから、魚の型がよくなるかもしれない。少なくとも、三〇センチがまじっても、おかしくはない。

ところが、上流に進むにつれて、多少の濃淡はあるのだったが、小さな魚は釣れつづけた。しかし、いったいどこまで、こんな庭園のなかをきれいな川が流れているのがつづくのか、という思いも強く、しばらくはロッドを振るのをやめて、大きめの砂利の河原を上流に向かって歩きはじめてみたことも確かである。

前方に、釣りびとがいた。当時としてはめったにないことだったが、その釣りびとはフライ・ロッドを振っている。地元のひとなら、この場所、そして流れにいるニジマスについて、何か知っているに違いない。僕はほとんど小走りで、そのフライ・フィッシャーマンに近づいた。近づくと、その人もロッドを振るのをやめ、こっちを振り向いた。僕は思わず、アッと声を出したのだったと思う。釣りびとが女だったからである。

気をとり直し、ごく当り前の顔をして、「やあ」と挨拶することから始めるだけの分別はあった。そして、笑顔をつくりながら、「地元の方ですか」と問いかけた。「ええ、まあ」と、その女性も少しだけ笑顔になって答えた。そして、「そちらは?」と訊ねてきたので、僕は東京から釣りに来て、タクシーの運転手がここに連れて来てくれたことを手短に話した。

話しながら、女性の表情や、姿形《すがたかたち》を観察した。年齢は三十前後だろうか、丸いおかま帽をかぶって、オーヴィスのヴェストを着ていた。ウェーディング・シューズをはいてはいたが、ウェーダーではなく、膝までのスパッツだけ。あとで聞いたことでは、この流れをよく知っているのだから、ウェーダーなどをはく必要がないのを知っていたのである。

驚いたのは、タクシーの運転手さんて、Hさんでしょうと、その名前をいったことである。あのひと、あたしもいろんなところに連れていってもらったから、よく知ってるの、といって、僕の不思議そうな顔に答えて、自分について少しだけ語ってくれた。

父親は昔からのフライ・フィッシャーマンで、この流れの入り口に近いところにログキャビンを建てた。川べりに小屋を建てるのが夢だったらしい。しかし、K川のこのへんには、魚の数が少ない。それを承知で村から土地を借りて小屋を建てたのは、ニジマスを放流しようと、最初から考えていたのに違いない。そして、五年前に小屋を建てると同時に、ニジマスの放流を毎年少しずつやって、いまに至っている。

自分も、学生時代に(東京の女子大に通った)、父親にフライ・フィッシングを押しつけられるようにして習った。妹と二人きょうだいで、父はあたしに押しつけてきたのね、といって笑った。

彼女は、父親とは住居が別だが、新潟市に住んでいる、といった。僕は自分が新潟市に生れ育ったことはいわず、黙って彼女のおしゃべりを聞いた。

父親は、きょうも、一緒ではない。だいたい、近頃は小屋に来ることはめったになくなった。この、庭園のような流れのほとりは気に入ってるようだけど、ここでの釣りはおもしろくない。なぜかわからないけど、ニジマスが大きく育たないからね。

そんな話を聞いたあと、僕たちはしばらく前後しながら、流れに向かった。彼女はキャスティングなど僕よりうまい。ちょっと見とれるような釣り姿だった。

三十分ほど釣りをして、同じような小さいニジマスと遊びつづけたあとで、きょうはもうやめる、と彼女はいった。時計を見ると、あと三十分ほどで、Hさんが入渓点に迎えにくる。僕はそれを告げて入渓点に戻り、彼女はちょうどこの近くの林道に置いてある、という自分の車に戻っていった。互いに名前は名のりあったが、僕は職業や電話番号を聞かなかった。あとで、タクシーのHさんに聞けば、すべてを教えてもらえる、と思ったからだった。しかし、迎えに来てくれたHさんに女性のことをしつこく尋ねたが、Hさんは、彼女と父親の職業を知らなかった。小屋の電話番号を知ってはいたが、呼ばれると谷に連れていくだけの仲なんです、といった。

小屋の電話番号だけはメモできたが、僕は結局そこに電話することはなかった。その理由の一つは、彼女がふつう以上の美人だった、ということがある。魂胆が見ぬかれるようなことを、僕はしたくなかった。彼女のことを気にしながらも、それきりですんでしまったのは、その年の秋、Hさんが新発田のタクシー会社をやめてしまったからでもある。会社に電話しても、新潟市に引っ越したらしいというだけで、退職した運転手について連絡先を教えてはくれなかった。あるいは、会社はそれを知らなかったのかもしれない。

僕は、翌年から、Hさんのいなくなった新発田へは行かなくなった。あのサクラの園へ別のタクシーで行こうとして、どうしてもそこに行きつけなかったことが一回あったのだけれども。Hさんを失うと同時に、あの美しいニジマスの川にいた女性のフライ・フィッシャーをも失うことになった。あの西洋の庭園のなかにいるような流れも、満開のサクラの木々も、そしてフライ・ロッドを振っていた女性の姿も、いまになってみれば夢のような不思議なことだった。怖いようなことは、何も起こらなかった。あれは不思議この上ない体験だったけれど、同時に、なぜか少しだけ怖い感じのすることではあった。

4 雷鳴がとどろいて

釣れないのに怖かった、という体験は、考えてみるとほとんどない。釣れたときが怖い。あのときもそうだった。

「雨にならなければいいけど」

宇田清さんが空を見あげていた目を戻して、つぶやくようにいった。あらためて空を見ると、高いところではあるけれど、雲が一面に拡がり、その下のところどころに、黒っぽい雲の塊がある。あれが垂れこめてくれば、雨になりそうだ。

梅雨の終り頃、ある日の午後三時すぎ、宇田さんと二人で、川のずっと上流部にたどりついた。朝から同じ川の下流部でヤマメを追い、本格的にイワナが釣りたくなって、一気に上流部の釣り場までやってきたのだ。

車を下りて十分ほど歩き、林道から藪《やぶ》を分けて林のなかに入った。落差の小さい、穏やかな流れがあった。流れに沿って林のなかを少し進むと、あたりが開けて、流れが林道に近くなっている。

地形にしたがって、流れはそこで大きく拡がって、縦二〇メートル以上、幅一〇メートルほどの溜りになっていた。そこがめざしていた釣り場で、いつもなら五〇〇メートルほど下流で入渓し、釣りのぼってそのポイントに至るのだったが、雨の心配もあって直接、目当ての好場所に入ったのだった。

初めは溜りのいちばん下流部、上流に向かって左端に立って、下から順番にフライを流してゆく。

ためすように、立っている場所とほぼ平行に、流れの中心部にエルクヘアー・カディス十四番を置くと、フライが流れはじめたところで、魚が頭を出してくわえた。

寄せてみると、二三センチほどのイワナで、上流部のそれらしく腹の黄色が強い。

それがここでの第一投で、宇田さんが第二投。流れの真ん中より少しだけ遠く左岸側にブルーダンのパラシュートを置くと、これまたフライが流れはじめたところで、イワナが頭を出してくわえた。魚は同じ型、同じ色。

それ以後は、三投四投で一匹ずつというわけにはいかなかったけれど、流れの上流部にときどきあるライズをすぐに取りにゆく必要がなかった。立っている位置と平行に、あるいは二、三メートル上にフライを置くと、イワナも意地になって（という感じで）、フライを襲いつづけた。

溜りはほとんど白波が立たない。おそらくは底の石にしたがって、いく筋かの流れが離れたり結ばれたりしているのが筋目のもつれぐあいでわかる。その流れから魚は釣れつづけた。

魚の反応のすごさに驚きはじめたあたりで、遠くの雷の鳴る音を聞いた。まだ遠い。頭上にくるまでに、あらかた魚を釣り上げてしまおう。宇田さんと手短に話しあい、宇田さんは流れを横切って左岸側に位置した。

二人とも、さらに多くなった上流のライズを狙ったが、いまかかった魚がライズしたやつかどうか、わからないほど、フライが水中にひきずりこまれつづけた。いったい、このポイントにどれだけのイワナがいるのか。イワナがどこかから湧き出してくるような感じがした。

そして雷鳴もまた急速度で接近してきた。空の端っこのほうで、稲妻が光る。雷鳴がだんだん大きくとどろく。落雷の危険を考えれば、もう止める時である。

にもかかわらず、イワナの出るのがさらに烈しくなるのは、いったいどうしたわけだろう。雷鳴を音楽がわりにして、水中で宴会をやってるみたいだ。釣れつづけるうえに、上流部にいたらしい大型（二七、八センチ）が、ポツポツとかかってきた。

宇田さんと、ときどき目を合わせる。止め時だね、と互いに何度目かの声をかけあい、とうとう宇田さんがこっちに戻ってきた。

僕たちはロッドをたたみ、車に戻った。峠の下にある広場までゆき、ウェーダーをぬいだ。雷鳴はさっきからしなくなっている。僕は笑いながら「もう一度、戻ってやろうか」といい、宇田さんは笑いながら首を横に振った。

僕だって、むろん本気じゃない。これ以上釣れたら、気味がわるい、としかいいようがない。あの流れは、得体の知れない生きものの秘密を隠していて、僕たちは偶然その秘密の扉を開けてしまったのか、と思ったほどだ。

釣れないときは、イワナの秘密に触れた、と思うことはない。魚がいないかすれているか、理由があると思う。めちゃくちゃに釣れるときほど、何か不思議な生きものを相手にしている気分になる。生きものの秘密の一端に触れたように思ってしまうのだ。

5　なぜ怖いのか

怖い、あるいは気味がわるい話というのは、やっぱりよく釣れたときにまつわりついているように思う。この話もそうなのだ。

二〇〇三年の五月二十六日、僕は宇田清さんと、岩手三陸海岸のやや南、太平洋に流れこむ独立河川の小さな支流にいた。早朝は本流で遊び、よく魚が釣れた余勢をかってその小さな支流に入った。

前年に初めてきて、あたりが工事中でざわついていたが、谷じたいはひっそりと静かで、忘れ去られた川の一つであったらしい。イワナは素直という感じでよく釣れ、それが忘れられなかった。

五月二十六日は昼頃入渓点に入り、釣りのぼるにつれて魚の出がいよいよよくなった。尺ものには出会えなかったけれど、大型中型小型とまんべんなくフライに出て、新緑の輝きのなかでなかなか先に進めないほど。僕たちはゆったりした気分で、緑色の空気を大きく吸いこみながら進んだ。

二時すぎ、流れの二叉をすぎ、左側の雑木に囲まれた流れに進んだ。左側にある流れは全体の勾配はきついが、二つの大きな溜りがある。そして五〇〇メートル上流で、二叉の流れはふたたび一つになって、流れが勢いをとり戻す。

溜りは長さ（奥行き）が一五メートル弱、幅は五、六メートル。

宇田さんと二人で、溜りの最下流に立って、遊び半分に二メートル前にフライを落とすと、ゆっくりと中型のイワナが顔を出してアント十四番を吸いこんだ。それが始まりで、宇田さんはパラシュートで、僕は途中から大きなエルクヘアー・カディス十二番に切り替えて、流れのそこかしこに浮かべた。そしてイワナはフライに出つづけた。

「おかしい。釣れすぎだ。こんな小さな溜りでね」「同じ場所から二匹三匹と出る。どうしたんだろ」。そんな言葉を、僕たちはかけあった。ためしに、この溜りで何匹釣れるのか数えてみよう、ということになった。いかに素直に、ときに烈しくイワナが出てきたが、書いてみても繰り返しになる。結果だけいうと宇田さんが十六匹、僕が十三匹で、三十四匹に届かなかったけれど、なにしろ小さなプールでのことだから、二人とも呆然《ぼうぜん》とするしかなかった。

イワナでもヤマメでも、釣れないと気分がわるい。そして釣れすぎると気味がわるい。気分がわるいことはしょっちゅうある釣り師としては、釣れすぎると何か異常時の予告のような気がして、やすやすと気味がわるくなるのである。なぜ素直に喜ばないのか、というなかれ。実際にあんな小さなプールで三十四近いイワナを（二人がかりで）あげてみると、不思議を通りこして怖くなるのだ。

そこの二〇〇メートル上にある、ほぼ同じ大きさのプールでは、二人で十四ずつ釣れたところで、そこを離れた。魚ならもう十分釣ったし、これ以上妙な気分になりたくない。

そして二人は上機嫌で林道を戻った。林道の谷側には広い平地になっているところがあって、たぶん昔は一軒二軒と家が建っていたのだろう。雑木の若葉を通して差しこむ光がその平地をおだやかに照らしていた。

僕はその日の夕方の新幹線で東京に帰る予定だった。宇田さんは、遠野経由で新花巻の駅まで送ってくれた。

六時二十分すぎ、上りのプラット・フォームに立った。ゴォーッという、列車が近くなるような音がして、間を置かず足もとが大きく揺れた。地震だ！　身をかがめ、荷物を片手に引きずって、這うようにして階段の上まで体を移した。

六時二十四分、マグニチュード七・一の宮城県沖地震に出会ったのだった。記録によると花巻市は震度五強。しばらく改札口付近でようすを見ていたが、この日は新幹線は運転中止、一列車も走らなかった。僕は昨夜泊まった大迫のホテルに戻るしかなかった（ただし、この地震は、二〇一一年の東日本大震災のような壊滅的な結果をもたらしたのではなかった）。

岩手県、宮城県の沿岸地帯は大地震と津波にたびたび襲われて、言葉を失うような過酷な被害をこうむっている。だからこそデマに類するような発言はいっさい慎まなければならない。しかし、僕が二〇〇三年の五月末に体験した地震のあとで思い浮かべたのは、吉村昭著『三陸海岸大津波』というドキュメンタリーで、吉村昭が採集している地元の人びとの証言だった。

明治二十九年六月十五日の大津波の前兆として、田野畑村で「前例をみない大漁」があったことを、当時十三歳だった早野幸太郎が語っている。六月十日頃から本マグロの大群が海岸近くに押し寄せてきた。漁船は網を仕掛け、網をあげ、岸辺はたちまち魚でおおわれた。また、その他にも、六月に入ると突如としてさまざまな魚が獲れだした、という話が沿岸部一帯にある、ということを、何よりも事実を重んじる吉村昭が書きとめている。

僕はこのドキュメンタリーを思いだし、自分のイワナ大漁の体験をあわせて考えてみたが、海の漁師の話と、シロウトのイワナ釣りの体験をくらべるべくもない。地震の前兆をなしたのは、マグロをはじめとする海の魚の大漁であり、僕たちのは海に近いとはいえ、川の魚である。そう思いながらも、あの異様な釣れ方が、夕刻にきた地震と何か見えない関連があるとすれば、どういう因果かはわからないとしても、納得がいくような気がした。さして大きくない一つのプールで三十匹のイワナがフライにきたというのは、それほど異様なことに思われたのである。

あるいは人はいうかもしれない。あんたのようなヘタな釣り師が、いつも釣れない釣りをしていると、たまに大釣りをしたときは、あっけにとられたうえに怖くなる。これはそういう話ではないか、と。

たしかにそれは認めてもいいように思われもする。

さよなら、次の春まで

1　最後の釣りを庄内で

山形県庄内地方の川は、とりわけ晩夏から秋にかけてが好きだ。物成りのいい庄内平野の実りの季節で、平野部は見わたすかぎりイネの黄金色に輝いている。そして山のすぐきわにまで、たいていは川に沿って田んぼが入りこんでもいるのだ。

初秋といっても、晴れれば陽射しはまだ夏の名残の強さがある。流れも晩夏の光のなかできらめいて、その流れに何かを惜しむような気分で僕はフライを投じつづける。そうしたことすべてによって、僕は秋の庄内の川が好きなのだ。

二〇一三年のことだ。今年最後の釣りを、庄内の川でやらないか。自分の好みを押しつけるかっこうになるのをためらいながら、岩手の宇田清さん、高橋啓司さんを誘ってみた。意外にも二人はあっさりと、この案にのってくれた。そして鶴岡在住の、余語滋さんの新築のログ・ハウスにぞろぞろと押しかけることになった。

九月二十六日の夕、僕は『フライロッダーズ』のS編集長の車で余語さん宅に到着。北欧の角材を使った、がっしりしているけれどどこか軽快なログ・ハウス。二階建ての家はそんなに広くはないが、部屋どりにゆとりがあってすばらしい。余語さんが工夫を重ねたあとがみごとに生かされていた。夜九時ごろ、岩手組が到着。三時間ちょっとで着いたらしく、宇田さんも啓ちゃんも機嫌よく笑っていた。余語さんと二人は初対面だったが、釣りの話、川の話をするうちにたちまち十年来の友、という感じになった。

ただ、明日二十七日の釣りは、仕事のつごうで余語さんは不参加。僕が岩手の二人を案内するかたちになったので、責任重大。S編集長はカメラに集中するという。

二十七日。晴れ、雲がときどき日をさえぎった。

行く川は昨晩から決めていたように、鶴岡の町なかから一時間ほど離れた、少し流程のある渓。予想していたように、小型のヤマメ、イワナはポツポツと顔を出すだけ。

たまに大物が出て釣りびとを驚かすのだが、その「たまに」を追いかけるほど時間に余裕があるわけじゃない。一時間ほどで切りあげ、僕が勝手に秘密の川と呼んでいる流れに転進した。

静かな小集落のはずれの山裾を、小さな流れが集落の盆地を縁取るようにしてある。集落の家には、人がいるのかいないのか、ひっそりとして物音がない。

高橋啓ちゃんが、沢に流れこむ細流をどんどん下っていって、姿を消した。僕は宇田さんを案内するように丈高い草むらを分けて沢のほとりに出た。出て、下流を見ると、啓ちゃんのロッドが小気味よく曲っている。二五センチを超えるイワナを手にして、白い歯を見せて笑い、ヴェストから小型カメラをとり出して、初めてのイワナの顔を写した。

さて、きょうはいつものように大ヤマメが出てくれるかどうか。宇田さんが支度しているあいだに、ためすような気持ちで、エルクヘアー・カディス十四番をすぐ目の前の瀬に浮かべる。瀬脇で出たのは二五センチ前後のイワナ。明るい夏の色をしていた。

かわって宇田さんが、一つ上の瀬にフライを浮かべると、すぐに速い魚の動きがあって、いい型のヤマメが手もとに寄せられた。啓ちゃんが追いついてきて、三人でヤマメの顔をのぞきこんだ。この沢らしい、明るい色をしたヤマメだったが、側線に沿ってにじむ紅色が濃いのは、秋の色なのだろう。

そんなふうにして、秘密の川が健在なのを知った。

あとは、三人とも口数少なく、流れと魚に戯れた。ほとんど全部のポイントで魚の反応があるのだから、三人が順番通りに釣っていってそれが乱れることがない。僕が合わせそこなってフライを枝にかけ、「先に行ってください」というぐらいのものだ。

不思議に思うことがあった。去年までのこの沢は、三対一、あるいは二対一の比率でヤマメが多かった。僕の頭のなかでは、ヤマメの川になっている。きょうは四対一の割合でイワナが多い。何かの事情でイワナの川に変わったのだろうか。そんなことがあるとして、それはどういう「事情」によるのだろう。

でも、まあいい。歩きやすく、釣りやすい、隠れ沢。そこをいつもの三人でさかのぼっている。誰かがたまにかけそこねたりすると、オーバーにその非を鳴らしてはやしたてる。それにしても、魚は一匹ずつ手にするたびに胸がときめくように、かっぷくがよく、美しかった。秋が、充実した魚体のなかに宿っていた。

沢のひとまずの終点である、岩場の重なる部分に一時過ぎに着いた。かつて四〇センチ近いヤマメに何度か出会い、何度か取りそこない、一度だけ釣りあげたところだ。

そのことをいうと宇田さんも啓ちゃんも、肩のあたりに真剣さをただよわせた。しかしそんな大ヤマメは出ず、それでも岩場の深い流れから、二人は型のいいヤマメとイワナを引き出した。

小さな堰堤のところで川をあがった。林道から集落のなかの道を、ゆっくり戻った。集会場所があり、物置小屋があり、夏と秋の花々が玄関前に咲く農家がある。懐かしい風景。そこにある懐かしい静寂。宇田さんが、「いい村だなあ。いい眺めだなあ」としきりに感嘆の声をあげた。僕たちは、村のたたずまいに見惚れてながら、ゆっくりと車に戻った。

2　懐かしい風景があった

いったん町に戻って、遅い昼食をとるためにそば屋に入った。気に入りのそば屋なのだけれど、岩手はそばが名物だから、宇田・高橋の岩手組の口に合うかと心配したが、うまいといって機嫌よくたくさん食べた。鶴岡のそば屋は、そばと一緒に麦切りなる細いうどんを出してくる。まあ、冷麦と同じものだが、宇田さんはそれを気に入ったようだった。

そんな寄り道をして（でも、この昼食は楽しかった）、午後遅く、ちょっとめずらしい地形のなかにある細流、いわれなければそこを釣ることなど思いもよらないような細流に入った。僕は二～三年前、余語さんに教わったのだ。

いかにも狭い細流を、農道の上から見下ろしながらたどっていくと、突然空がスカッとひらける。そしてとるにたらない細流が、底に大小の石を重ねたいっぱしの沢になる。ひらけた空の下に、細長い盆地があって、いちめん田んぼの黄金色。黄金色は東側のゆるやかな丘の上部までつづいている。僕たちは実りの秋の色に染まりながら、西側の小さな斜面の裾を流れる沢に下りた。

なにげなく水辺を進むと、魚が矢のように上流に走った。目が慣れてきて魚の定位しているのがわかるようになると、かなり下流から、それを狙い、かけた。見える魚を確実に拾うように釣る。宇田さんが得意とする釣りのひとつだ。彼は、二〇センチのヤマメを数匹、それより二～三センチ大きいイワナを数匹かけると、もういいや、という笑顔をこちらに向けた。

いやいや、まだまだ序の口。こう見えてもずっと奥まで、流れの幅がそう狭くならずに、つづくんですよ。上に行ったほうが魚が大きくなるし、啓ちゃんはどんどん上に行っちゃったから。そんなふうに宇田さんを誘って、流れに沿った農道を進んだ。しばらく行くと、啓ちゃんが両岸からヤナギの灌木がせり出している場所を攻めている。そして僕たちが農道に立って後ろから見下ろしているあいだに、ヤマメの良型と小さいイワナを立てつづけにかけた。ヤナギの下からひきずり出したという感じで。

三人が合流し、またいつのまにか離れ離れになって、この田んぼのなかの細流で遊んだ。ポイントらしいところにくると、半々ぐらいの割合で魚が反応する。だから、特別に意を決したりしないですむ。いかにも流れとたわむれているという感じなのだ。

宇田さんも同じような思いをしているらしい。「こんなところに、よくこれだけの魚がいるもんですね」などといいながら、あたりを見まわす。

黄金色に波打つ田んぼが、丘の半ばまで重なるようにあり、幾筋かの農道がそのなかを通っている。暮れはじめた空の色がしだいに深くなり、それの下を秋の雲が流れている。

「きょうは、なんだか懐かしい風景のなかにいた一日でしたね」

帰り道、並んでゆっくりと歩きながら宇田さんはそういった。

3　ニジマスがそこにいた

二十八日。快晴。きのうと違って、上空の雲がほとんどない。

午前中、余語さんの案内で奇妙な流れに行った。田んぼのなかの、かなり大きい水路である。取水のつごうでうんと減水する一時期、えっと思うような大ニジマスや大ヤマメが姿を現す。

七、八年前、たまたま九月に庄内で釣りをしていたら、余語さんがちょっとおもしろいところへ行ってみましょうと案内してくれたのが、同じこの流れだった。流れは膝のずっと下ぐらいしかない。

岩の陰、藻の陰に大きなニジマスやヤマメの姿が見えた。まず余語さんが型のいいニジマス釣ってみせてくれた。浅い流れでかかった魚が大騒ぎするのだから、一匹釣ったあとは、五〇メートルほど上流か下流へ移らなければならない。

僕は対岸近くの緑の藻の陰に顔だけ出しているニジマス（たぶん）を見つけた。

少し上流にブラック・アントを置いた。魚が口をあけたように見えたが、動きがない。いぶかしく思いながら、一度、二度とロッドを立てたが、やはり動きがない。フライが岩にひっかかったかしたのだろう。そう思って、立てたロッドをあおり、同時にラインを引いてみた。

大きな魚がくるりと下流のほうに反転し、そのまま突っ走った。ロッドが引きずられ、竿先が水面を押した。かかっていたのだ。もう一度ロッドを立てると、ごく浅い流れにとまっていた魚が強く動き、ティペットが切れてこっちに飛んできた。四五センチ以上あるように見えた。大きなニジマスだった。僕の目に、頬から側線にかけての薄紅色の帯が焼きつくように残った。

その話を昨夜、夕飯どきの賑やかしのためにと思ってしたら、啓ちゃんが乗ってきたのだ。彼はどういうわけか（たぶん毎年二回ほど北海道の川へ行くせいだろう）、大ニジマスに取りつかれている。水況はわからないけれど、とにかく行ってみようということになって、いま、同じその流れにいる。

いや、そうじゃない。同じ流れとは思えないほど、流れのようすが違っている。あのときより三倍ぐらい水が多い。流れに立つ啓ちゃんの膝あたりまで水がきている。そして丹念にドライとニンフを流しつづけるのだが、ニンフに一、二度反応があったていど。僕は強い陽射しに焼かれながら、土手の上から川のなかの啓ちゃんと、ひろがる黄金色のイネと、遠くの山並みを交互に見ていた。一応ウェーダーをはいて、啓ちゃんと余語さんが一匹でもかけたら流れに下りていこうと、ずるいことを考えながら。そのいいわけをするのじゃないけれど、友人が流れにくらいついている姿を、こんなふうにじっくり眺めるのは、めったにないことだから、なかなかいいものだ。

いかにも遊んでいる、という感じは、もう一カ所、別の川の上流部へ行ったときもつづいていた。上流部といっても、人里からそう遠くはない。流れの左がなだらかな斜面に沿い、右側は護岸の上に田んぼがひろがっている。

それぞれが、二、三〇〇メートルの間をとってロッドを出した。僕は流れが林道と並行するあたりまで上流に行き、小さなイワナを三匹ほどかけて、満足してしまった。川のほとりの岩に腰かけて、サンドウィッチをかじっていると、ポツポツとみんながやってきた。

なんだか本命の目的地へ行くのに、時間をつぶしているような感じ。そこから三十分ほど車を走らせて、本命の流れに着いたのが午後二時。あとで、なんでここにもっと早くこなかったのか、と宇田さんと啓ちゃんにこもごも叱られた。それほど、二人はそこが気に入ったということでもある。

長い長い、まっすぐな流れである。しかし三～四キロの流れのうち、ネコヤナギの群落が両岸からせり出して流れが狭くなっている部分がある。アシの群れがひとかたまりずつ、川岸をつくっている部分がある。と思えば、思いのほかに河原がひろがって、砂と小石が洲をつくっていたりする。まっすぐではあるが、けっこう変化に富んでいるのだ。水は、きょうも清らかに透きとおっている。

その流れに、野生化したニジマスと、ヤマメとイワナがいる。大と小の二通り、中型はあまり見かけない。

啓ちゃんはニジマス狙い。大きな橋のたもとから、一キロほどはネコヤナギの群落がつづいている場所に入った。橋の上から釣り姿をしばらく見学。ドライに出が悪いとみたか、すぐにニンフに切りかえ、黄色い大きなウキが流れる。あたりが出はじめて、小さなニジマスがどんどん釣れてきた。さすがである。ここの中小型のニジマスはニンフにかぎる、と以前、僕が納得したのは、ほぼ半日をかけて知ったことだった。それを彼は十分で見つけてしまった。

ニジマス釣りの啓ちゃんの後ろに、余語さんが後見人みたいな顔をしてのんびりついている。この二人がこもごもあとで話してくれたことによると、かなりのドラマがこの釣りにはあった。

ニンフからドライに再びかえると、中型のヤマメと、三〇センチ前後のニジマスがいくつかかかった。そして、順序はどの時点なのかわからないのだけれど、ネコヤナギのあいだの深い重い流れから、五〇センチを超えるかというニジマスが姿を現し、アントに食いついた。ロッドを保持するゆとりがなかった。ニジマスは凶暴な力でくわえたアントを木の下に運び去り、リーダーが沈んでいる枝にひっかかった。フライをもぎとられたリーダーが、ネコヤナギにひっかかったまま、むなしく残った。

啓ちゃんは三〇センチ前後の魚を何匹かあげたが、ねばって行きつ戻りつしたその場所で、大物はそれ一匹しか姿を現さなかった。

そんなことが起こったのを知らないまま、僕と宇田さんは二キロほど上流の、やや広くなった流れに、二人のあいだをだいぶ空けて入った。

平坦な流れが、わずかに変化している場所があった。底石の大小が変化をつくっているのだ。流れが底石によって小さな段をつくっている。その下のひろがりから、三〇センチのイワナがきた。

それで満足していたのだったが、一度だけ、茫然と動けなくなることがあった。

そこは、この流れではめずらしく、岩が重なって大きな段差をつくっていた。二度か三度、ここで大ヤマメをかけている。複雑な水流の筋目に十四番のエルクヘアー・カディスを流していると、四〇センチはゆうに超えるニジマスがフライの下で体をくねらせた。ゴオーッと、音立てて現れた感じだった。しかし、フライには食いつかないまま、少しだけ追って、流れの襞のなかに姿を消した。

なぜ、食わない。三度、四度とフライを流れに乗せたが、魚は一回しか姿を見せなかった。たぶん、あいつは僕の姿を見たのだ。

宇田さんと前後して進み、僕が後方に立ったとき、対岸のアシのかたまりすれすれのところからこんどは中型のニジマスが出た。魚はがっちりとフライをくわえ、前後左右にリーダーが水を切った。砂利の上に魚をあげると、三〇センチほどの、紅色の帯があざやかなニジマスだった。

魚をしみじみ眺め、放す。そして濡れたカディス・フライをつけかえる。終って前方を見ると、宇田さんのロッドが大きく曲り、宇田さんがそのままの姿勢で河原の砂利の上を後退した。五〇メートル前方へ、僕は流れを押すようにして進んだ。

近づくと、宇田さんが顔をほころばせて、こっちを見た。足元の、ひたひたの流れのなかに、尺ヤマメがあえぐように大きく口をあけていた。いま、この一匹の釣りが完了したところなのだ。

「やっとまああのが来ましたよ」

「まあまあじゃない、尺ヤマメなんだから」

そして二人で、よかったといいあった。

夕闇がくる前に川をあがった。そして、この流れでの釣りを報告しあいながら、ロッドをしまい、身支度をした。岩手の二人はここから花巻へ。余語さんは高坂の自宅へ。僕はS編集長の車で東京へ戻る。

まだ互いの顔を識別できるほどの夕暮れのなかで、僕は三人に別れを告げた。岩手の二人には、「じゃ、十月に管理釣り場でね」と笑いながらいった。「さよなら、次の春まで」とはいわなかった。

十月に管理釣り場でなんて、とうてい実現しそうもないそんな無駄口を叩くのも、最後の釣りの別れのしかたなのだ。宇田さんと啓ちゃんがニヤリと笑うその表情を見ながら、そう思った。

Ⅲ　先行者たち

幸田露伴

魚のことは魚に学べ

　幸田露伴は明治・大正・昭和と三代にわたって活動した文豪である。慶応三年生れだから、夏目漱石と同い年、昭和二十二年、八十歳の生涯を閉じた。いまはあまり読まれることがないが、近代日本文学を代表する作家の一人であり、昭和十二年に第一回文化勲章を受章した。

　作家としての特徴を挙げるとすれば、和漢の書、とりわけ漢籍に特別に通じていた碩学《せきがく》であったことである。したがって小説だけでなく、研究の色あいを帯びた随筆を数多く書いた。その考証癖は中国古代の文人にならったものであろうか。

　そういう作家が、明治三十年、三十歳のときに向島の寺島村（現・墨田区東向島）

に移り住んだのをきっかけに、釣りに熱中した。本人は、「川添いの地にいたので、何時《いつ》となく釣魚の趣味を合点した」、つまり地の利を得て、釣りにのめりこんだ、といっている。

そして、そののめりこみ方は、尋常なものではなかった。隅田川や荒川にのぼってくるスズキ（又、そこまでいかないセイゴやフッコも含む）、東京湾のクロダイ（ケイヅと呼ばれるその小型）、キスやハゼ等々などの釣りを徹底して楽しんだ。さらには利根川にまで足をのばし、大スズキを数々仕止める。すなわち新しい釣り場を見つけ出した先覚者でもあった。そのかたわら、身についた考証癖を存分に発揮して、釣りにまつわる多くの随筆をものした。いや、随筆というより考証文といったほうがいいかもしれない。

その代表作が、「太公望」「釣車考《ちょうしゃこう》」などであるが、これがなかなかにおもしろい。「釣車考」については、あとで少し詳しく紹介してみたい。

釣りをテーマにした小説としては、七十一歳のときに書いた「幻談」が有名である。江戸時代のケイヅ釣りを素材にしたもので、釣り師の名竿への執着を語って鬼気迫る一篇だ。しかし私個人としては、小説の仕掛けが分かってしまうと、二度三度と読む気にはならない。そのかわりというのも変だが、釣りを素材にしたもう一篇の短篇である「蘆声《ろせい》」のほうに愛着がある。

露伴が、自分の釣りへの熱中を三十年後に回想している短篇でもあるから、これをまず少し詳しく紹介したい。

「今を距《さ》ること三十余年も前の事であつた」という、随筆風の一行から始まる。語り手は「自分」もしくは「予《よ》（私）」であり、小説というより回想的随筆といったほうがいいのかもしれない。

その頃、毎日のように午後の二時半頃から家を出て、中川べりの西袋というところへ遊びに出かけた。中川は湾曲が多い流れだが、西袋もいわゆるわんどの一つであった。露伴にはそのわんどの底に自分の坐る場所と定めている釣り座があった。流れのなかに棒杭が数本立っていて、その一本に大きな釘を打ち込み、そこに竿の先をかける。

鉤に餌のイトメをたくさんさして、棒杭の先に打ち込む。上げ潮時には、セイゴあるいはフッコがそれに食いついてくる。

ある秋の一日、露伴がいつものように西袋に来てみると、一人の少年が（自分の）釣り座に坐って竿を出していた。十一か十二歳のその子は、二間ばかりの短い竿で、どうやら先端が折れているのを使っている。浮木《うき》釣りだが、木の箸かなんぞを糸に結びつけている。沈子《おもり》は使っていない。その仕掛けでは、ここでは釣りにならないのを、露伴は瞬時にして見てとった。

しかしそのことはいわず、一間半か二間ばかり右か左に移動して、自分の釣り座を使わしてくれないか、とていねいに少年に頼んでみた。

少年とはちょっと複雑な、しかしけっして不愉快ではないやりとりがあって、釣り座を明け渡してもらう。そのやりとりのうちに、少年が遊びで釣りをしているのではなく、母親に魚でも取ってこいと命じられたこと、それで糸を垂れているが、フナの小さいのしか釣れないこと、自分を生んだ母は一年前に死んで、いまのは継母《ままはは》であることなどが、少しずつわかってくる。

話すうちに、その子が率直で温和で、しかも聡明であることがわかってきた。そこで露伴は、ここでは浮木釣りでは釣れないことを教え、持っている沈子を与え、餌のイトメを与え、話をしながら二人で釣りをすることになった。

少年に釣れたのはフナばかり、いまのフナは味が悪く、食えたものではない。露伴は数匹のセイゴとフッコを得た。

夕刻、少し早目に露伴が釣りをやめると、少年も帰り仕度をした。「もう帰るのかい」「ああ、夕方のいろんな用をしなくてはいけないもの」二人はそんな会話をかわす。また、露伴が少し少年の心事に立ち入って、

「今のお母《つか》さんはお前をいじめるのだナ」

というと、

「ナーニ、俺が馬鹿なんだ」

と、少年が応じた。この答に露伴は打たれる。別れぎわに、露伴は魚を持っていけと魚籠をさし出すと、少年はなかなかセイゴ二尾を取った。そして少年は土手を上流のほうに歩いて去った。


翌日も翌々日も、自分は西袋へ出かけたが、どうしたことか、少年にふたたび会うことはなかった、と露伴は話を閉じている。

さわやかで、やっぱり少し悲しくて、いい話だ。そして、釣りには少年の姿が似合う、と改めて私は思ってしまう。露伴は昭和三年、六十一歳のときこれを書いた。現在、岩波文庫の『幻談・観画談』に収録されているが、私は先にもいったように、釣りの作品としてはこの「蘆声」に愛着をいだいている。

露伴は、「夜釣の思ひ出」（昭和二年）などの短文で、自分が先に立って利根川のス

ズキ釣りを開発した話を書いている。

《釣は相変らず好きなんだけれどもね、かう暑くなつて来ると、大利根のすゞき釣の面白さを忘れ兼ねて時折思ひ出すんだけれどもね、年という奴が私に釣を許してくれなくなったんだよ――》

という書き出しで、短文だけれども趣が深い。

また、「釣の極意は唯一句」など、釣りを論じていかにもと思わせるエッセイもある。そこでは、「釣りの極意はと問はるゝならば、吾輩は、唯、魚《うを》に教はるべしといふ一句を以《も》つてこれに対《こた》へやうと思ふ」などと、時代を越えた名言を吐いてもいる。

そういう随筆は読んでいて楽しいが、ここでは露伴以外ではなし得ないような考証の文章にふれておきたい。たとえば「釣車考」という論考がある。

中国唐代（六一八～九〇七年）の詩に、釣車という言葉が出てくる。

晩唐の世に、釣り好きの詩人・陸亀蒙《りくきもう》（字《あざな》は魯望《ろぼう》）があり、その親しい友人で詩人でもあった皮日休《ひじつきゅう》もまた釣り好きだった。魯望が好きな釣りを詩にうたい、皮日休に、君も釣りが好きなんだからこれに唱和せよ、といった。その二人の詩のやりとりのなかに、釣車という言葉が出てくる。

詩のなかだから、もとより釣車を詳しく説明しているわけではない。しかし、二人の詩を詳しく読みこんでいくと、釣車は西洋で発明されたと考えられているリールそのものであるらしいと考えるしかない。どうやらその糸を巻く器具は牛角を主体に造られている。というようなことを、二人の詩のやりとりを事細かに読みこんで、考究してゆく。釣車はまた釣輪ともいったらしい。

とすれば、西洋産とされるリールは、おそらく九世紀の中国で創造され、使われていた。ただし、唐代に発明されたものが、いまはない。文明の盛衰かくのごとし、と露伴はいうのである。

ただし、と露伴はさらに論考をすすめる。宋代に馬遠という名高い画家がいて、「寒江独釣の図」が残っている。それを見ると、遊漁者が竿に釣車とおぼしきものを装置しているから、十三世紀頃まで釣車があったと考えられる。そしてこの絵は日本にあり、自分は画集でそれを見た、という話でこの考証をしめくくっている。

晩唐の二人の詩人釣り師の詩をこまやかに読んで、リールのあったことを発見する。露伴以外に誰がなし得ようか、というべきことであろう。

露伴が書いていないので、少し補足しておこう。

西洋の書物で釣りのリールが最初に言及されているのは、一六五一年に英国で刊行された、トマス・バーカー著『釣りの技術』であるとのこと。私はこれをマクレーンの『ニュー・フィッシング・エンサイクロペディア』に拠って書いているのだが、バーカーの本は著名なウォルトン『完全な釣り師』の二年前の本であるという。またマクレーンの釣り百科には、宋代の馬遠の絵にあるリールへの言及があり、その絵が掲載されているのには驚いた。

小舟に乗った釣り師が短い竿から流れに糸を垂らしているが、竿の手もとにあるのはまさにリール、そして絵の説明文には、竿の下にガイドが二つ付いている、とある。ガイドについては、露伴も言及してはいなかった。

そんなふうに、私は「釣車考」を十分に楽しんだのだが、もう一篇、露伴の論考ですごいと思ったのは、「水の東京」と題する比較的長い文章である。そこでは、墨田川を中心に、網の目のように張りめぐらされている東京の川、運河が、ことごとくといっていいほど詳しく語られている。幅二メートルぐらいの水路まで拾いあげているのだから、この著述にも感嘆するばかり。釣りだけではなく、水の流れが好きであり、それを大切なものと考えているのである。

東京の水を語ろうとすれば、どうしても墨田川が中心になる。なぜなら墨田川は、さまざまな川や水路を網《あみ》とするなら、それを束ねている綱《つな》であり、綱をあげれば網の細目がおのずと挙ってくる、とまず宣明する。そして、幅二間ほどの細流まで、そのありさまを語りつくしてみせるのである。

　川あれば橋あり、その橋の名をいちいち記そうという姿勢も立派。この一文は、明治三十五年の文芸雑誌に発表されたものだが、三十五歳の露伴がどのようにしてこれだけの水の情報を集め得たのか、私は怠慢にしてまだ知ることができないでいる。

　露伴は釣りが好きであるだけでなく、水の流れが好きだったわけだ。いかにも遊漁者にふさわしい態度である。漁師と遊漁者を峻別し、漁師は魚の数量を求めるのは当然であるけれど、遊漁者は数を釣ることを目的にしてはならない、と何度も書きしるしている。そして、遊びの釣りは、遊びとして真剣にやらなければ、ほんとうの楽しさに到達できないという意味のことを、折にふれて述べてもいる。

　そういう発言を聞いて、露伴の釣りは遊びとしてホンモノだったのだな、と私は感服するのみである。

佐藤惣之助

マルタはあぶな絵の美女

もう十年以上むかしのことになるだろう。

フライ・フィッシング仲間がなぜか多数集まったパーティーで、そのうちの数名が「多摩川森林組合」というものをつくった、と報告した。報告というより、宣言したというほうがぴったりする。

それは何をする集団なのかといえば、何のことはない、組合員は多摩川でマルタを釣るのだという。マルタを丸太にひっかけて、森林組合と呼称したわけだった。

正式和名はマルタウグイ。コイ科ウグイ属でウグイの一族ではあるけれど、別種とされ、格別に大きくなる。六〇センチの魚体もめずらしくはない。すべてが降海し、若魚は汽水域に生息することが多いが、成魚は海水のなかに出るものもいる。

マルタは、比較的大きな川にのぼってくるらしいのだが、多摩川にも季節になると五〇センチ前後のものが姿を現す。それをストリーマーやらニンフやらで釣ろうとするのが、森林組合に集う遊び人共なのであった。

ところが、昭和の初め頃から、多摩川のマルタ釣りに熱中していた人がいたのである。

ここからが、昭和十七年に五十二歳の若さで死んだ一人の詩人の話になる。佐藤惣之助（一八九〇〜一九四二年）は、神奈川県川崎に生れた。千家元麿《せんけもとまろ》などと仲が良く、「白樺」系の詩人として出発したが、のちにはレコード会社の専属作詞家になって、いまでも残っている有名な歌謡曲の詞を書いた。例として挙げれば、「赤城の子守唄」「男の純情」「人生劇場」「青い背広で」「人生の並木路」等々。しかし私にとっては『琉球諸嶋風物詩集』（一九二二年刊）の詩人としてのほうが親しい。大正十一年に沖縄・台湾を旅してできた紀行詩集だが、南国の風物に魅せられていく心情が、ロマンチックにごまかしなく歌われている。昔の沖縄に心から没入してしまった男の詩である。

その詩人が、昭和七、八年頃、多摩川のマルタ釣りに熱中し、エッセイを書いているのに、『釣心魚心』という随筆集で出会った。この本を知ったのは、淡路島に住む松林眞弘さんの本棚を見せてもらったときだった。松林さんは「淡路魚釣り文庫」の代表である。

佐藤惣之助は海釣りも川釣りもやる、釣り好き文人というべき人だが、多摩川の川崎側の河口近くに住んで、地の利を得て、マルタに心を奪われているありさまは、確かにただごとではない。

十月から十二月にかけての、夕刻から夜の九時過ぎまで、小舟に乗っての夜釣りである。《手がやや氷りかけてゐても、魚は妙に温かい。金の眼を美しく見開く。柔かい腹が強く重く動く。それを舟端に入れる。すぐ次のを待つ。》(「『マルタ』の幻想」)

《特に私はこのマルタの跳躍性とそして円球的な感触、又はあの流線的な魚形から受ける把握感——その味が忘れられないのである。ぐつとなると即物的な真迫力が腕を走る。(中略)マルタそのものが私の肌膚に入り胸にヒタリと来る。そいつがたまらない。忘れられない。》(同前)

こうして抜き書きしてみると、佐藤はこのマルタという魚、そしてマルタ釣りを、そうとうにエロティックなものと考えているようだ。どんな釣りにもエロティックな面があるといってしまえばそれまでだが、佐藤のマルタ釣りはなにやら夜の秘義という感じがして興味深い。

私もじつは多摩川のマルタの四五センチほどのものを、三匹ばかりフライ・ロッドでかけたことがあるが、エロティックといわれれば、そう感じられないこともないと思うていどであった。

佐藤惣之助のマルタへの熱中ぶりをさらに追いかけてみよう。

昭和六年から昭和八年まで、佐藤はマルタ釣りのエッセイを集中的に書いている。そこで読み取った佐藤の釣りを、引用を交えながら以下に報告する。

佐藤の釣りは十月から翌年の二、三月までである。昼の釣りはボラやイナがまじるし、自分の仕事のつごうもあって、夜釣りになる。午後五時頃から八時頃まで、熱中するとそれが九時頃にまでなるようだ。多摩川（佐藤はしばしば六郷川と書いている）のごく海に近い下流で、岡っ張りもするが、たいていは小舟にひとり乗って、沖から右岸左岸の魚のツキ場を狙う。

竿は女竹の、三メートルと二・七メートルで、舟のトモから二本出す。道糸は竿いっぱい、ハリスは本テグス、必要に応じてウキをつけるが、オモリで二尋ぐらい沈めて釣るときはウキなし。

餌はバチの浮くときはバチ、でなければゴカイ。これを下げ潮を利用して下流に流す。バチとは、イトメが成熟して泥底から抜け出し、水面を浮上群泳するものをいう。十月から十一月、バチが抜ける。

気分がいいのは、マルタのハネが出るとき。浅い沈床の上に、ハネが出るのを狙ったりする。

マルタは、確かに四、五本は群れて、沈床のあるあたりを浅く遊曳するらしい、と佐藤はいう。そのアタリはじつに変化に富むが、トンという強いアタリは、あまり釣れない。道糸をすうっと引いてゆくようなとき、そっとあわしてみると、ぐっとくる。そこでバラさないためには、竿で8字形の横書きをするのがいい、と佐藤はいう。

「わたしのマルタ讃美の理由は、この比較的弱い一丈一、二尺（注、三・三〜三・六メートル）の竿で、ともかくも浅い三、四尺の水深から二尺（注、約六〇センチ）もある魚体を引出す妙境にある」。

そして、次のように、詩人らしい文章を続ける。

《特にトゲのないマルタの優美な、どこかのろまな、脂ぎつた美人的な官能は、星の光りの下であくまで感触するに限るやうに思ふ。（中略）小さい頭、円い胴体、大きい尾鰭、それに加えて、貧婪《どんらん》のやうな、円味のある、やさしくって素早いアタリ。あの六郷川の葭や羽田風景と切っても切れぬ郷土的な感じ、それがあの魚の凡《すべ》てにかかって、今のわたしを魅惑してゐる。》（「『マルタ』風情」）

そしてつけ加える。マルタ風情《ふぜい》というのは、百姓のような、町人めいた、それでいて浮世絵のあぶな絵にある美女の肢体のような、鈍重さと敏活さを兼ねそなえているような属性をいうのだ、と。そこから伝わってくる、「言葉にならない魚の言葉」をいくらかでも感知して、自分は闇のなかでひとり満悦するのだ、と。

そして、自分はひたすら「魯望皮日休」の末徒となってマルタ釣りを讃美する、と書くのである。晩唐の詩人陸魯望と皮日休は、幸田露伴が「釣車考」で談じたことは、露伴の項で語った。佐藤惣之助は、さすがに詩人だけあって、唐代の釣り好き詩人の名を知っていたわけである。

それにしても、マルタ釣りへの熱中は底が知れない。昭和七年十月二日から十一月九日までマルタ釣り二十三夜の感想を、第一夜第二夜と、夜を追って日記みたいに文言を連ねている。その見本を一つ示そう（「『マルタ』二十三夜」から）。

《　　第二十一夜

海より川は冷え易い。

船を位置づけて扨《さ》て一服、茜の富士、蘆の夕風、椋鳥の弧線、迷える雁、五位の声。

川船での独酌、弁当は危険、つい過す。

沈床の山は、とろ潮の時、盛んにつついて研究すべし。

流れ早ければ、魚勇む。

十一月以後はゴカイにてもよろし。

一度は最大干潮の時に釣場を観よ。

十月は上田、十一月は六郷橋、十二月は薬師下、又御幸がよろし》

佐藤惣之助は海釣りもやるし、イワナなど渓流釣りもやる。芦の湖でブラック・バス釣りまでやっている。

釣りに関する本も、ここで読んできた『釣心魚心』のほかにも数冊ある。釣り専門の新聞記者・佐藤垢石と組んで、釣りの講座本まで出している。しかし、この項ではそれらにはあえて触れず、マルタ釣り一本にしぼって詩人の釣りを語ってきた。

釣りへの熱中が、「釣りキチ」という言葉を生むゆくたてが、それによって伝わってくると思ったからである。

井伏鱒二

釣れないのは仕方ない

『ジョン萬次郎漂流記』(一九三八年、直木賞)や『黒い雨』(一九六六年、野間文芸賞)を書いた井伏鱒二は、昭和を代表する作家のひとりだった。一九六六年には文化勲章を受章している。

この大家は、大の川釣り好きであった。アユ釣りが中心だったが、ヤマメかイワナなどが相手の渓流釣りも好んだ。釣りの文章もけっして少なくはなく、その代表作『川釣り』は岩波新書の一冊として出たのがいまとなっては不思議だが(いまは岩波文庫になっている)、とにかく『川釣り』は多くの釣り人によく読まれた。「釣魚記」という随筆にはこんな一節がある。

《釣り好きな人は案外せっかちで好色だということである。しかしそういう濡れぎぬを着せられても、私は釣りがきらいだとは云いきれない。》

ひょうひょうとした文章というか、もってまわったいい方というか、釣り好きという人は、自分のせっかちな気持を刺激して楽しんでいるのではないか、という言葉が続く。釣り好きにとっては、身に覚えのあるはずの名言だ。では「好色」のほうも真実というべきかどうか、井伏がこっちについては何も語らないから、したたかな大人なのである。

この「釣魚記」は、伊豆は河津川のアユ釣り名人、カワセミのおやじの釣り姿が活写されている。九メートルの竿を軽々とあやつって、人の三倍は釣る。

いったいに井伏鱒二は、川で知り合った地元のおやじたちの名人ぶりを語り、そのいっぽうで、自分の腕の未熟と、その結果である不漁を嘆き続けるというのが、釣りの文章のパターンであった。ちょっとなんとかなりませんか、といいたくなるのだが、しかし、文章の力というのはすごいもので、信州の姫川上流で出会った伝兵衛さんを描いた「コタツ花」（ちくま文庫『井伏鱒二文集　第三巻釣りの楽しみ』所収）などは、何度読んでも唸ってしまう。七十七歳になる伝兵衛さんのアウトドア老人ぶりに唸るのである。

第一に、川のことなら何でも知っている。どの季節、どの流れで何が釣れるか、餌は何がいいか等々。伝兵衛さんに教わって、井伏は餌に蜂の子をつけて釣る。竿をさすと同時にぐっと来たが、先糸が細くて切れ、仕掛けを直して流れに振りこむと、穂先が枝にからまって、糸がぐちゃぐちゃになる――という井伏自身の下手ぶりはパターン通り。

おもしろいのは、伝兵衛さんのヘビとの関係。マムシやヤマカガシとどう対するか、詳しく語って飽きない。

「ヤマッカジ（と伝兵衛のコトバ）は、川魚を捕る名人だでの。お前、釣しるときの、気のくばりかた、身のこなしを、これに教《おせ》えてもらえばいいだでの」だって。ヤマカガシに教われといわれても、困るだろうな。

そういえば、同じようなことを別のいい方で語った男がいた。井伏鱒二にアユ釣りを教えたのは、佐藤垢石という、新聞記者の釣り名人である。垢石の教えのきわめつきは、井伏によれば、

「釣りするときは、山川草木にとけこまなくっちゃいけないよ」

というもの。そして、その境地に至るのはきわめて難しいと、井伏はいつものようにぼやきながら、そのわりにはせっせと釣り場に通うのである。

垢石の教師ぶりは、垢石という上品でもあり下品でもある奇妙な男を描いた秀作「釣人」(同前書に収録)にくわしい。

井伏鱒二と同様、釣りに熱中した作家の開高健は、この大先輩に特別の思いをいだいていたらしく、正式に対談もしているし、プライベートでも何度か会っていた。その対談の二つは活字になっていていまでも読めるのだが、一九七〇年に行われた「釣る話」(『井伏鱒二対談選』講談社文芸文庫)はこんな調子である。

《**開高**　ところで、アラスカのサケの話をすると、だいたい、ぼくは一日に五センチぐらい伸びるんですよ。三日たつと、これはちょっと上げすぎると思って元にもどすんですが(笑)、どうして魚を釣るとホラを吹きたくなるんでしょうか。井伏先生でもそうでしょうか。

井伏　ぼくは一時間したら大きくなる(笑)。》(「釣る話」『井伏鱒二対談選』所収・講談社文芸文庫)

という具合。そういえば、あの一件はもう一つの対談「釣談義・浮世問答」(『井伏鱒二対談集』新潮文庫)の話でふれられていた。あの一件、というのは井伏鱒二が開高健に誘われて、奥日光のある湖にニジマス釣りに行ったときに起きた小事件である。

この小事件については、開高が「井伏鱒二氏が鱒を釣る」(『私の釣魚大全』文春文庫)というエッセイで書いているし、井伏自身も何かのエッセイで触れていたはず。

たしか一九七三年のことだったと思う。井伏七十五歳、開高四十三歳。

自分はもう渓流釣りができなくなった、すっかり隠居の釣り師である、と溜め息をつく老作家に、釣りを始めて熱中しだしている開高が、いやいや、それは惜しい、もったいない、どうしても隠居とおっしゃるなら、引退大釣行をやりましょうと、話をもちかけた。それが、当時開高が年二回、春と秋に釣りに行っていた奥日光のある湖での釣りであった。

開高担当の編集者、井伏担当の編集者数名ずつ、他のゲストも参加して、にぎやかな井伏師の引退釣行になったのである。井伏師は、湖に突き出した大岩の上にどっかりと腰を下ろしての、餌釣り。イクラなんかも持参した。開高は、いつも通り、手漕ぎボートに乗ってのルアー釣りである。

秋の入り口という時期だった。一日目、二日目と井伏師は大不調。二日目、薄暗い早朝から全員起き出し、ルアー・ロッドを振ったりして、そこそこのニジマスを手にして朝食に戻ったが、井伏師の釣り座あたりに魚はいっかな寄りつかなかったようである。

じつは、この釣行に私も参加していた。二日目の朝、どうしても東京に戻らなければならず、早朝五時頃からの釣りをやったあと、九時頃だったか、帰りの身支度をして宿泊した小屋の前に出て、予約したタクシーが来るのを待っていた。

そこで、湖のほうから井伏師がひとり、とぼとぼと歩いてやってきたので驚いた。さらに近づくと、師が濡れネズミになっているのを見て、もう一度ビックリ。「どうしたんですか」と訊ねることになったが、井伏師は「ちょっと……水につかってね」と、あまり語ろうとしない。しかし、大変なことだけは察知できた。

全員が朝食後の仮眠についたとき、この朝も釣れなかった井伏師はひとり起き出して、小屋から少し離れた湖に向かった。たったひとりの行動である。そして、ボート乗り場にもやってあるボートに乗ろうとした。それがうまく行かず、師は水中に落ちた。あとで井伏師いわく、「かついでいた小リュックのおかげで、命拾いしたよ」。落ち着いて水から上がり、小屋に戻ってきた。

私は小屋の人に告げ、開高（さん）だけをこっそりと起こし、井伏師が小屋に入ったところで、車が来た。それにしても、井伏師は思い切り機嫌がわるかったなあ（めずらしく）。

そして（あとで聞いたのだが）、三日目、井伏師は三〇センチを超えるニジマスの入れ食いを体験した。いわく、「ああ釣れると息が切れますね。階段を登るようにフーフーいった（笑）」。開高は、あとでこの小事件を話題にするとき、七十五歳にして抜け駆けをこころみた井伏師を心からほめたたえ、釣り師のカガミである、といった。

私もまったく同じ思いをもっている。釣り師は死ぬまでかくありたい。そして井伏鱒二のどこかひがんだような釣り話も、みごとな文章だなと思いつつ、楽しく読んでもいる。

編集者として、井伏鱒二とも多少おつきあいするようになったあとで、あるとき、ほんとに書かれているように釣れないものなんですか、と私としては思い切って訊いたことがあった。老先生は即座に、

「釣れない。釣れないものは仕方ないよ」

と応じられた。井伏鱒二師の顔はこのときも不機嫌そうに見えたが、もしかすると、あれはくやしそうな表情だったのかもしれない。

今西錦司

魚と自分が一つになる

今西錦司は生物学者であるけれど、知的関心のおもむくままに、幅広く研究分野をひろげ、とりわけサル学、人類学などで大きな業績を残した。また、生涯にわたって「山登りと探検」の看板をかかげてそれに励んだが、その山登りに付随して「魚釣り」という看板もやや小さくはあったけれどかかげたぐらい、渓流釣りを好んだ。すなわち「魚釣り」といっても、相手は山の魚、イワナとヤマメ・アマゴに限ったのである。

そういう人物が、主として一九六〇年代に、日本のイワナの分類を手がけたのである。生物学者としての学問上の思考法が存分に発揮されたのはいうまでもない。今西が日本の渓流魚の分類に乗りだしたのは、その世界が未整理で「種」としての姿が確立されていなかったからであろう。

太平洋戦争以前からイワナの分類に関しては、田中茂穂博士と大島正満博士の二人の魚類学の大家が説をなしていた。ごく簡単にいうと田中は、イワナはマルマ（オショロコマ）一種とし、大島は、マルマ、リュウコメニス（アメマス）、プルヴィウス（ニッコウイワナ）、ジャポニカス（ヤマトイワナ）の四種類を種として立てたのである。

ただし、大島はイワナの分類に関心をもち続け、種の立て方が年代によって動いている。さらにいうと、彼の説は日本全土のイワナのデータ不足によって、誰の目にも見やすい欠陥がある。

それらの説に対し、今西がどのように批判し、またどのような自説を展開したかを、これからざっと見ていきたいのだが、それを理解するために、イワナの学名ならびに呼び方について、ここで一覧しておく。

イワナ属　*Salvelinus* サルベリナス
　大別して二系あって
S.malma マルマ（オショロコマ）

S.leucomaenis リュウコメニス（アメマス、エゾイワナ）

そのほかに、姿形の地域的変化を反映して（外国人学者が新種を発見したつもりで名付けたものも含めて）、次のような呼び方がある。

S.l.pluvius プルヴィウス（ニッコウイワナ）

S.l.japonicus ジャポニカス（ヤマトイワナ）

S.l.imbrius インブリウス（ゴギ）

すなわち、ニッコウイワナ、ヤマトイワナ、ゴギなどを、イワナ属のなかでどう位置づけていくのか。さらには、それらがオショロコマやアメマスとどうつながっていくのか。そういう分類上の課題があるわけだけれど、言葉を換えていうと、イワナにはそれだけ形態上（斑点やその色彩）の変化がある、という事実がある。

今西錦司がイワナの分類を考究したのは、『イワナ属——その日本における分布』（一九六七年）という大部な論文においてであった。これは論文ではあるけれど、シロウトにもわかりやすいし、ところどころに書き手の肉声が聞こえてくるような文章がある。

たとえば、自分は「大衆の立場に立つ」と明言している。大衆とはこの場合その代表として釣り師がいるに違いない。日本に何種類イワナがいるかを考えるにさいしても、「その違いは大衆の目にもはっきりとうつり、その違いを大衆も納得しうるようなものであってこそ、はじめて違った種類として取り扱うべきだ」と論文の初めに書いている。正しい発想、というほかない。

そして今西は自ら釣り竿を振って、多くの川の多くのイワナを自分の目で確かめた。また、信頼できる釣り師の情報を多く取り入れて、豊富な事例を集めた。事例の中心にあるのは、イワナの体側にある赤色斑点と橙黄色斑点のあり方である。また、白色斑点の大きさと、その体表上の分布のあり方である。

そして豊富な事例をもつということが、今西はすでに大島（や田中）を大きく超えていた。

ニッコウイワナは橙黄色斑点をもち、ヤマトイワナは柿色または赤色の斑点をもつ。今西は関西のイワナ河川に足しげく通って、この二つのイワナの混棲状態と棲み分け状態をくわしく探っている。さらに、体側には柿色（赤色）斑点をもちながら、頭部に虫食い状の模様をもつゴギの分布についても、多くの釣り師の協力を得て、分類上の考察をすすめている。

そのような、イワナの個別的姿形の収集がまず基礎としてある。そのうえで、北海道から東北、中部、さらには関西一円から広島、島根にいたる、イワナの形態上の変化をどう説明するか。

今西はそこで「クライン」という、説得力のある観点を導入した。

クラインは、ハスクレーという生物学者が、一九四〇年前後に提示した学説である。「地理的位置づけのちがいに応じて同一種内の個体があらわす、こうした系列的な変異をクライン Cline と名付けた……」

イワナの（主として斑点の）色彩変化は、淡色から濃色につらなっていて、系列的変化をあらわしている。これは、まさしくクラインである、と今西は考える。なぜそのような系列的変化が起こったのかということについては、日本列島の南北のつらなりが受ける、太陽輻射熱の違いが長期にわたって累積した結果ではないかと推測しているが、それについて今西自身あまり深追いはしていない。それよりも、クラインによる各種イワナの分類上の位置づけをすることに力を入れている。

日本のイワナには、マルマ（オショロコマ）とリュウコメニス（アメマス、エゾイワナ）の二つの大きな系列がある。マルマのほうが、より基本的な種である。イワナ属が北方起源のものであるとすれば、地理的により北方を占めたマルマのほうが、南方を占めたリュウコメニスより基本的な種、ということになる。しかし、派生したものであったとしても、リュウコメニスはもう一つの種である、と考える。

アメマスと、その陸封型であるエゾイワナがリュウコメニスの中心に存在し、白い大きな斑点がその姿態の特徴である。

そして、体側（腹部に近い）の斑点が橙黄色のプルヴィウス（ニッコウイワナ）、赤色のジャポニカス（ヤマトイワナ）を、リュウコメニスの地域的変化（クライン的変化）としてとらえた。そして今西のこの論文では、ゴギ（インブリウス）は、頭上の虫食い模様からして亜種と考えてもよい、ともいっている。

今西はクラインという大局的で斬新な視点の上に立って、日本のイワナをオショロコマ系とアメマス系の二種とし、アメマス系からニッコウイワナ、ヤマトイワナなどのいくつかの形が派生したという見取り図を、一九六七年に打ち立てたのである。

そして今西のこの考え方が、日本のイワナの分類をさらに探求していこうとする後進たちにも基礎として働いているのである。たとえば、白石勝彦・和田悟写真の『イワナの顔』（一九九三年）という、イワナの姿形の変化を追った一冊の本を私は愛好しているが、この本も今西のつくった基本的な流れに、さまざまな新しい事例を付け加えてみごとであった。

クラインは、イワナという魚を考える上での、大局的な視点である。そしてこの視点は、現在のイワナ学（そういうものがあるとして）でも、重要な学問的基盤であろうかと思われる。

今西の論文「イワナ属――その日本における分布」は、平凡社ライブラリーの『イワナとヤマメ――渓魚の生態と釣り』に収録されている。

この本には、論考のほかに、論考のもとになった、渓流魚についての学問的エッセイ、さらには学問から離れた釣りエッセイというべき文章が収められていて、一冊の本として変化に富んでいるし、読んでいて楽しい。

たとえば、「魚釣り」というエッセイで、いっている。

「それではもう一歩深く自然の中へはいるためにはどうすればよいのだろうか。ただむやみと歩き回っているなんてもとより能のない話である」といって、魚釣りをとりあげている。

《魚釣りなんてまったく原始的でほんとうの魚のとり方ではないのかもしれぬ。しかし魚釣りをやってみると、蝶を網ですくうのとはまったくちがった面白味があった。竿と糸とを介して魚と自分とが　如となる。その瞬間魚は人でなくなるのである。》

などという一節は、魚釣りの魔術的魅力の核心を、淡々と、みごとに語っているというべきであろう。

「釣り――自叙伝風に」によれば、今西錦司は卒業論文に渓流の虫を選んだ。水生昆虫の研究から、有名な棲み分けの理論が生れてくるのだが、それはいま省略する。渓流魚と、食餌としての水生昆虫の関係を調べるため、若い今西は釣り師と一緒に山を歩き、釣ってくれた魚の胃袋をアルコール漬けにして持ちかえった。しかし、それではどうしてもサンプルとして不十分、思う場所の、思う時期の標本が手にはいらない。それで、自分で釣りをやらなければダメだ、と考えた。

卒業して、(軍隊に)入営するまでのあいだを、魚釣りと写真撮影と、二つの技術の習得についやす決心をした、というのである。今西の学問の基盤にあるリアリズムとでもいうべきものを、よく感じさせる話ではないか。

今西錦司は、一九〇二年生れ、二八年に京都帝国大学農学部を卒業。在学中から山岳部員として本格的登山に熱中、戦前京都帝大グループをひきいて大興安嶺の探検を行ったりもした。

戦後は、いわゆる京都学派の頂点に立ち(偉大なるボスである)、モンキーセンターを設立、また、生態学者・文化人類学者としての研究でも大をなした。他方、カラコルム学術探検隊の隊長として登山にもはげみ、のちに日本山岳会の会長もつとめた。七九年、文化勲章を受章。一九九二年に死去。

こうして経歴を見るとなんだか恐ろしいような気もするが、ここでは、「世界広しといえども、ヤマメのように美しい魚は、ほかにはいそうにない」という、渓流釣り好きの今西を語っているのである。今西は、山の魚を釣り、食べる楽しみを率直に書いている。

いまはやりのキャッチ・アンド・リリースではなく、ヤマメを食べる楽しみを大事にしているのは、いかにも骨太の登山家らしいといえる。

ひところは何がなんでも大物を釣りたいという気持だったが、多年の経験からヤマメは小物釣り、イワナは大物釣りというところにおちついてきた、と書いている。それというのも、ヤマメの食べ方はなんといっても天ぷらをもって最上とするので、体長制限すれすれの小物をそろえるのがひと苦心、というあたり、のどかなことである。

また、渓流釣りを始めてしばらくは、クロウトの域に迫ることをめざしたが、いまはシロウト芸の楽しみ方があるのを発見した、と書いたのが六十歳の頃。いずれにしろ、ヤマメやイワナのいない山け、廃墟のごとくさびしい存在、と断言している。

私は編集者として、最晩年の今西さんと多少のおつきあいをもつことができた。何度か京都下鴨のご自宅にうかがって、進化論についてどうお考えになっているのかなど、赤面すべきシロウトとして話を拝聴することさえできた。

しかしいちばん気楽にお相手できたのは、やはり渓流釣りの話だった。

私が新潟出身で、新潟の谷で遊んだ話をすると、今西さんは三面川や胎内川のイワナを自ら釣ってその姿形を確認し、同じ黄色い斑点のイワナをずっと西の九頭竜川水系の谷で釣りあげたことなどを懐かしそうに話して飽きなかった。私はすでに「イワナ属――その日本における分布」を何度か読んで多くを学んでいたが、今西さんのイワナ分類学には、釣り師としての実体験が色濃く反映しているのを、そういう話を聞きながら改めて思ったものである。

あるとき、京都の西山の奥で釣った型のいいアマゴを数匹、食べてください、と持参したことがあった。今西さんは「しかたがない奴だ」というふうに苦笑しながら、「アマゴは、一五センチくらいの小型がいちばんうまいんやでえ」といった。その声がいまでも耳に残っている。

開高 健

傷のない、完璧な一日

よく知られているように、開高健には釣りのノンフィクションがたくさんある。
『私の釣魚大全』（文春文庫）
『フィッシュ・オン』（新潮文庫）
『オーパ！』（集英社文庫）
『オーパ、オーパ!!』（五冊、集英社文庫）
『もっと遠く！』（文春文庫、元本は朝日新聞）
『もっと広く！』（同右）
その他に、後半の釣りを撮影したビデオ（DVDにもなっている）も多い。

釣りの本のなかでは、私は『私の釣魚大全』と『フィッシュ・オン』が格別に好きだ。

「根釧原野で《幻の魚》を二匹釣ること」（『私の釣魚大全』）では、イトウに憑かれて二十年水辺をさまよい歩いているという、画家の佐々木栄松さんの案内で、ビギナーズ・ラックというのか、奇蹟的に二匹のイトウを釣りあげる。大湿地を流れる川での釣りの描写は初々しく、克明である。

夕暮れに、釣り舟はサケ採卵場の近くに流れつき、開高は書きつける。

「完璧な、どこにも傷のない、稀れな一日」

と。「チロルに近い高原の小川でカワマスを十一匹釣ること」（『私の釣魚大全』）では、釣りの舞台は早くも日本を離れてヨーロッパに移っているが、この釣りでも、「完璧な一日」が求められ、実現している。ここでの導き手は、よれよれの革ズボンをはいた、鹿の化身のような少年。どこからか掘ってきたミミズを開高に差し出し、開高はそれで十一匹のブラウン・トラウトを釣りあげた。

開高の最初期の文章には、いかにも釣り師らしい釣り自慢がそれとなくしてあって、私はいいなあ、と思うのである。

たとえばイトウ釣りでは、「天才福田蘭童氏にも、魚聖緒方昇氏にも釣れなかった」

と挨拶がわりに書き、そういえば「檀一雄氏もそうだった」と思いだしたように書く。釣り自慢の手が早くもこんでいるというべきだが、なにしろキャスティングも生れて初めて、というのだからね。

『フィッシュ・オン』では、アラスカでキング・サーモンをダーデブルの赤白のスプーンで釣りあげ、それを重そうに担いで川べりを歩く写真を見せつける。楽しいなあ。そしてスウェーデン、西ドイツ、ギリシャなどと世界各地を竿一本を手に訪ね歩き、最後は新潟は銀山湖のほとりに、イワナ釣りに戻ってくる。

ところで、すぐ前に「天才福田蘭童氏」という言葉が出てくるが、福田蘭童がらみのエピソードをちょっと書いておきたい。先に書いた井伏鱒二と開高健の親密なつきあいの、続きのような話である。

この話の半分までを、井伏自身が「湯河原沖」というエッセイで書いている。人に誘われて、湯河原の海へカマスを釣りに行った。その案内をしてくれたのは、天才的な尺八奏者として知られる福田蘭童である。福田蘭童は尺八の天才であるばかりでなく、海釣りも川釣りも天才的な腕前を持つといわれていた。

蘭童がなにゆえに天才的なのかといえば、指先の感覚が超絶的に鋭いことにある。

指先で紙に触ってみて、印刷された絵なら絵の色をひとつひとついい当てることができた。生れつきというより、尺八吹きのたゆまぬ訓練でそうなったようである。釣りの微妙なアタリをとるのは漁師と変わらないというわけだ。

その日は、蘭童自らが小舟の櫓を漕いで、井伏たちにハマアジや小田原フグをたくさん釣らせてくれた。

井伏たちは、蘭童家に泊めてもらったが、そこで「秘密」の話が出たのである。蘭童はアユの餌釣りで、一日二百匹ぐらい釣る方法がある、という。アユが珪藻を食む前に餌で釣ろうとすれば、シラスなどを餌にするのが一般的だが、そうではなく、凄い効きめのある餌がある、と蘭童はいう。しかし、そこまでいって、彼は秘密の餌を明かさなかった。井伏の「湯河原沖」には、そこまで書いてある。

ところが、どうしたわけか、後日、井伏は蘭童の秘密の餌が何であるかを知るのである。そして、開高と会った折に、自分がそれを知っていることを洩らした。

開高はアユ釣りをしない。しないけれども好奇心からだろう、秘密の餌を知りたがった。井伏師を口説きに口説き（と、たしか開高はいった）、秘密の餌を井伏がことさらに巻き物に書いて仕立てたものをもらったのである。

といっても、秘密の由来を書いてある文章はごく短い。その後に長々と余白があって、巻物の最後に餌の名と、井伏の署名があった、と私は記憶している。そう、私は暮夜ひそかに、開高にそれを見せてもらったのだ。しかし、開高・井伏両師への義理から、それをここで明かすわけにはいかない。尋ねられれば、開高師がそうしたように、ふふふと小さく笑うしかない。

では本業の小説のほうで、釣りはどのように書かれているか。実は小説では釣りの場面はきわめて少ないのである。開高の小説についての厳格な考え方が反映しているのかもしれないが、あまり取りあげられることがない小説のなかの釣りの場面をここで読んでみようとするのは、私自身が好きだからでもあり、小説の文体のなかでその場面が特別な輝きをおびているとも思うからである。

一つは、長篇『夏の闇』。開高の代表作である秀作の、クライマックスの一場面である。女と二人で「私」はドイツの山の上の小さな湖へ行き、パイク釣りをする。スピニング・ロッドとリール、ただし糸の先には毛鉤のバックテイルをつける。変則だけれど、よく考えられた仕掛けで、「孤独、暗鬱、貪婪な一匹狼」を狙った。

《「かかった、かかった、かかった!」

「ほんと?!」

私が叫び、女があやしみながら叫び、オールを捨ててたちあがった。ボートがにぶく左に右にゆれた。更新された。私は一瞬で更新された。私はとけるのをやめ、一挙に手でさわれるようになった。全体が起きあがり、ふちが全体にもどり、眼が見えなくなった。戦慄が体をかけぬけ、そこですべてが声をあげて走りより、冷酷も焦燥も、殺意も消えた。眼のすみではなく顔をふりむけて女が見られた。女は私の肩に手をかけ、こきざみにふるえながら眼を輝かせて炸《はじ》けた。》

ヨーロッパを旅しながら、深い倦怠のなかから抜け出せないでいる作家の「私」が、一瞬ではあるかもしれないけれど、生き返る。貪婪な一匹のパイクがもたらしてくれたものだ。釣りの真髄がここにある、といってもよい。

もう一篇、短篇「貝塚をつくる」は、釣りで話が終始する、みごとな小説だ。ヴェトナム戦争の取材でサイゴン市（現・ホーチミン市）にいる「私」は、つれづれにサイゴン河でナマズ釣りなどをするが、うまくいかない。そこで、新聞社の支局に遊びに来ていた日本人の商社員に、現地の釣りキチ紳士を紹介してくれないか、と依頼する。そこで現れたのが、蔡建中という華僑の大物。四つの会社の社長をつとめるが、熱中しているのは海釣りという中年男である。

何よりも、この蔡建中なる男の肖像がまことに面白い。「私」はいろいろにテストされたあとで、ショロンにある蔡の自宅に招かれる。

彼の寝室は、森と花の香りがし、中央に巨大なダブルベッド。たしか妻と子供たちは香港に居を移しているから、巨大なベッドは何に使うのか、なまめかしくもある。そして壁ぎわにはずらりと海釣り用の釣竿が並ぶ。リール、鉤、錘などが区分され、詰めこまれているリュックサック。釣りキチで好色の蔡の寝室はそのようなものだった。

蔡は、「私」をフークォック島（富国島）の釣りに招いてくれた。「私」は蔡と大量の釣り具と共に、おんぼろ双発機に乗ってフークォック島におもむく。蔡はそこで一艘の小舟をやとう。初老の漁師夫妻と助手の少年二人ともども。

そしてめちゃくちゃな釣りになる。狙うのはハタ（石斑魚）である。これには紅斑と黒斑の二種あるが、とりわけ紅斑がうまいから、そいつを狙うのだが、釣れすぎるほど釣れる。蔡建中の釣りは、南の海の無限といいたくなるほどの豊かさをこれでもか、と実感させてくれるようなものだった。

といっても、この短篇、その釣りの詳細があるわけではない。ただ、豊かな海の描写がすごい。

《……しかし、舟べりにくくりつけたコールマン・ランプのほのかな円光のなかで水面をすかしてみると、上下左右、縦横無尽の吹雪である。それがありありと見える。生命体と非生命体の阿鼻叫喚なのである。それは数知れぬ魚と貝と海藻の卵であり、幼生であり、プランクトンであり、マリン・スノーであり、ひとつひとつがしりぞけあい、食いあい、吸収し、同化し、反撥し、抗争しあう混沌の運動である。》

そういう海が、ある。蔡建中は、そういう海でひたすら釣りに熱中している。むろん、サイゴンでの社長業では、したたかに利益をあげているのだろうが。

釣りの帰途、シャム湾の小さな島に寄る。島には漁師夫妻の三十歳の息子が隠れ住んでいる。彼は軍隊を脱走してきてこの島に隠れ、炭焼きをして生きている。時折、両親が焼いた炭を引き取りにくる、というぐあいらしい。若者の食べ物は、魚と貝だ。彼の小屋の近くには貝塚ができている。軍隊脱走者は、そのようにして古代の若者のように生きているのだ。矛盾をかかえこんだ、きびしい生き方である。

小説中の釣りの場面には、切ないほどの若々しさがある。ストーリーには、読む者が黙りこんでしまうほどの成熟がある。開高のノンフィクションのほうを読みおえた読者には、ぜひ小説のなかの釣りにも接していただきたいと思うのだ。

この一篇を読もう

釣り文学、などと大げさな言葉はできるだけ使いたくない。釣り師の書いた文章が、文学になることもあれば、そうならないこともあるだろう。ここで、そんな小難しい議論をするつもりはない。

ただ、釣り師の書いた文章で、読んで楽しいものは、少なくはない。そういう楽しい文章を以下にとりあげたいのだが、紙数に限りもあることだし、原則として一人一篇を紹介したい。一冊のなかから一篇をとりだして読むわけだが、これがその人の代表作、というつもりではない。私がおもしろい、楽しいと思ったまでのことであるのは、いうまでもないであろう。

○森下雨村（一八九〇〜一九六五年）

八畳の滝（『猿猴川に死す』所収）

森下雨村は、日本で初めて生れた探偵小説雑誌『新青年』（一九二〇年創刊、博文館）の初代編集長として名高い。自ら探偵小説を書いたりもした。

経歴についてさらにいうと、一九三一年、四十一歳で博文館を退社し、執筆に専念するようになった。そして一九四二年、東京を引き払って、郷里である高知県の佐川に帰った。郷里では畑仕事に精を出すいっぽうで、釣りに熱中した。

川釣りも海釣りもやったが、釣りエッセイとして書かれたものからすると、川釣り、とりわけアユ釣りに執心していたと見える。

本の表題作である『猿猴川に死す』の「猿猴」とは、土佐の方言で河童のこと。猿猴とアダ名された横畠義喜という仁淀川の主《ぬし》のような男が、溺れた子供を助けようとして泡立つ流れに飛び込み、岩角に強く頭を打ちつけて、死んでしまった。その猿猴の大らかで明るい人柄を描いたのが表題作である。

私が「八畳の滝」を選んだのには、二つの理由がある。一つは、吉野川の奥へ奥へと入りこんでゆく、アユ釣り師・雨村の執念が、必要以上を語らない静かで淡々とした文章から、熱く伝わってくるからである。

もう一つは、吉野川のどん詰まりにひろがる八畳の滝下の大淵で出会った、十五、六歳の栄吉少年の生き生きとした姿をめでてのことである。無口で無垢の少年と一緒に釣りをする。雨村が大人になった少年のように見えてくるのは、釣りというのは少年の姿こそがふさわしいからではないだろうか。アユ釣りの文章のなかでも、これは傑出している。

なお、『猿猴川に死す』は、小学館文庫と平凡社ライブラリーの二つから刊行されている。

○瀧井孝作（一八九四〜一九八四年）

子供と魚釣（『釣の楽しみ』二見書房）

そこにはアユ釣りへの信仰のごときものがある。瀧井孝作の釣りに関する随筆と小説を一冊に集めた『釣の楽しみ』を読むと、そういう思いにとらえられる。

アユ釣りこそは「善」である。無心になって心持が純粋になる感じ。のびやかに放たれて、きらくな野人になる。瀧井は、そんないい方でアユ釣りを讃美しているが、なんだか信仰告白を聞くような印象がある。

きわめてユニークな私小説作家であった。『釣の楽しみ』では、随筆と小説に大きく分けて並べてあるが、もともとが随筆みたいな小説だから区分がつきにくい。

ここでとりあげた「子供と魚釣」は小説として書かれたようだが、十二歳の娘と一緒に相模川で遊ぶ話である。「私」は友釣り、初めて川に連れていった娘にはハヤ釣りの仕掛けをつくってやる。新子というこの少女の姿が背筋がまっすぐに立って、まことに魅力的、その姿はいかにも夏の川釣りにふさわしい。前項の雨村「八畳の滝」もそうだったが、釣りには子供が似合うのである。

といっても、「子供の魚釣」では、瀧井自身が友釣りに熱中、アユの居場所を見つけて好調な釣りをするのが主体。娘のほうは勝手な父親のいいつけをよく聞きながら、川原に立って八匹だかのハヤを釣る。黒い水着を着て、ベルトに餌箱をつけて、三・三メートルの短い竿をもった姿を、父親が遠くから見て描写しているが、夏の川が美しい画面になっている。そして、夕暮れどき、帰りの自転車に乗って、父が娘にいう、「(アユが)ひるからとれなんだのは、万平サンがいい場所を横どりしたからネ」。父が子供みたいになっているようすが、釣りの一日の終りとしてすばらしい。

じつは私は、大人になった新子さんの姿を知っている。文藝春秋に入社したら、先輩として新子さんがいた。テキパキと、軽やかに身をひるがえして仕事をするその姿を、遠くから見ていた。その人の十二歳の姿に出会ったのは、新子さんが(おそらく結婚のため)退社された、そのまたずっとあとのことである。

○中野清見（一九一〇～一九九三年）

暮の高瀬川ほか一篇（『暮の高瀬川』熊谷印刷出版部）

中野清見《きよみ》は、現在ではおおかた忘れられている人であろう。岩手県江刈村に生れ、昭和九年に東京帝大経済学部を卒業した。戦前は満州で仕事をしていたが、戦後は郷里に帰って江刈村長をつとめる。さらには八戸市（青森県）に勤務したのち、岩手の一戸町の町長を長くつとめた。かたわら『新しい村づくり』『原型的日本人』などの著作も少なくない。

そして釣りの本『暮の高瀬川』の「あとがき」でいっている。この本に収めた一連の文章は、自分の五十歳台に書かれ、八戸市のタウン誌に載せたものである。「この時期、私は釣りの狂気に取り憑《つ》かれ、正常とは思われないような日々を送っていた。その狂態にはわれながら驚いたものである」というのである。

読めば、なるほど、とうなずくしかない。全国でも名の知れたインテリ町長（しかも僻地の！）が、ほんとうに釣り狂っている。じつに興味深い光景である。

その釣りの、重要な対象だったのが、佐藤惣之助が入れあげた、かのマルタであった。中野いわく、マルタはウグイの大きいものの呼称のようだが、学術書を読んでもはっきり区別されていない。ゆえに自分は一括してウグイとよぶ、と。

しかし中野が熱中しているのは、秋になって海から川に入ってくる降海型のウグイで、三〇センチ以上の大物である。現在の淡水魚事典などでは、マルタ、と区分している。そして八戸地方独特だろうといっているのは、その餌である。イカのフすなわち肝臓をシツケ糸で鉤にゆわえつける。これは秋のイカでなくてはかなわない。長さ一五センチほどの肝臓を鉤に巻きつけて、リール竿で遠くまで投げる。

小川原湖から流れ出ている唯一の川、高瀬川に惚れている。その理由は第一に大物がいること。自分は一昨年の秋、五三センチを釣った、云々。もう一つの魅力は、その風景。あたりに山はなく、荒れ果てた砂地が続いている。三キロほどの距離を流れて、川は海に注ぐ。その河口付近が釣り場である。

『暮の高瀬川』では、マルタ釣りについて書かれたものが五篇以上あり、その熱狂ぶりがそこにも現れているが、私は仮に「暮の高瀬川」と「ウグイの投げ釣り」を選んでみた。

後者は、この釣りの難しさと、それゆえのおもしろさが、詳細に語られている。いっぽう「暮の高瀬川」は、わずか四ページの短さだが、悲しいほどの熱中ぶりが伝わってくる。

十二月十一日の日曜、釣り仲間の都合が悪く、自動車の手配がつかなかった。しかし気象条件もよさそうで、心動いて抑え難く、朝八時二十分発の泊行きのバスに乗った。

当日の朝、八戸は好天だったが、バスが進むにつれて雪景色になり、チェーンをつけなければすべって走れなくなった。そして雪が降ってくる。平沼という停留所で下り、河口まで三十分、歩こうとする。雪が膝近くまであって、遅々として進まない。それでもようやく海に出て、二本の竿を使い、海に向かって投げる。魚信はまったくなし。それでも続ける。釣り狂いという人はいるもので、何人かが沖へ餌を投げていたが、気がつくと、自分一人になっていた。

雪はいよいよ降りつのり、リュックも他の道具も自分自身すらも、雪に埋もれそうになった。十二時十五分に切り上げた。そして、結びの一節。

《バスは一時間も遅れ、靴の中に水が入ったのが不快でもあり、全身が寒かった。疲れてもいた。それでも憑きものが落ちたように、心底の方は楽になった。(中略)これから長い冬のあいだ、高瀬川を慕って心が狂い立つこともなく、炬燵《こたつ》の中に、静かに本が読めるだろう。》

さて、どんなものか。そんなことは当人自ら信じられるのだろうか。

○船井　裕《ゆたか》（一九三二～二〇一〇年）

横谷源流（『安楽椅子の釣り師』みすず書房所収）

船井裕は画家で、長く大学で美術を教えた。フライ・フィッシングで渓流釣りをやったが、エッセイはきわめて少ない。私の知るかぎり、「横谷源流」はたった三篇しかないエッセイのうちの一つである。しかし、とりあげずにはいられないほど、秀れたできばえといいたい。

滋賀は安曇《あど》川の、支流の一つである横谷。その源流部へ行くには、琵琶湖側から細い峠道を越えていく方法があるという情報を得て、夏の一日、気心の知れた友人の高田を誘って、さっそく実行に移した。

峠をのぼりかけると、奇妙な男に出会った。下の村人が、留やんと呼んだ男のようである。男の風体は——

《上半身は裸で首に汚れた手拭をかけ、左手に何か赤いものを鷲づかみにしている。男も私達に気付いた様子であったが別に動じる風はなく、左手に持ったものをゆっくり口に運んだ。それは熟した大きなトマトで、男がかぶりつくと汁があごを伝ってポタポタと落ちた。》

男はこちらの挨拶には何の反応も示さなかったが、トマトを食い終ってこちらを向くと、意外ににこやかな童顔であった。

峠を下りたところに、山仕事の人が建てたらしい小屋があり、鍵はかかっていない。二人はテントを持っていたが、そこに泊まらせてもらうことにし、さっそく細い流れで釣りに興じた。釣りは思いのほか好調、船井は五匹、高田は六匹のイワナをとった。

その夜は高田の六匹を食べることにし、火をおこし、串を並べた。船井の五匹は生かし魚籠に入れて、流れのなかに置いてきた。飯盒を火にかけて飯を炊く。と、そのうちにトタン屋根を叩く雨の音が大きくなった。流れに生けておいた魚籠のことを思いだし、船井は雨をおかして水辺に行く。

そこに、魚籠はなかった。かわりに、何かに腹を食いちぎられたイワナがそこかしこに転っていた。今しがた食いちぎられたらしく、イワナはまだ生きて、口が微かに動いている。

二人は何が起こったのだろうと話しつつ、峠の見えるところに出ると、そこには手拭で頬かぶりした、半纏のようなものを着た人間の後ろ姿があった。ここで、誰もが赤いトマトにかぶりつく留やんを思いだすに違いない。

二人の釣り師は、気分を殺《そ》がれて、急遽帰り支度をし、山小屋を立ち去る。そして村まで下りて、最終バスに乗って帰るのである。

この一篇、抑制の利いた、静かで正確な文体で書かれているが、恐怖にも似た、居心地の悪い思いがあざやかに伝わってくる。読んで楽しいというのを越えた、人間の姿を伝える佳品である。

○山本素石（一九一九〜一九八八年）
ねずてん物語（『山釣り』山と溪谷社所収）
山本素石は、関西の渓流釣り師の世界で大御所的な存在であった。といっても、いばっていたという意味ではない。気さくな人柄で、身は軽いし、多くの人びとに慕われていた。また、その話が絶妙におもしろい。ウソかホントかわからないような、それでいてウソであってもホントであってもおもしろいことに変わりがない、すぐれた話術の持ち主で、中年すぎから書きはじめた釣りのエッセイでも、その話術が存分に発揮されている。
一九六〇年代半ばに釣り仲間とノータリンクラブを結成、グループあげて怪蛇ツチノコを探求してツチノコ・ブームの火つけ役になったが、その大まじめな探求報告は、怪著『逃げろツチノコ』にくわしい。

ここでとりあげた「ねずてん物語」は、「ねずてん物語序説」と「小森谷の一夜」という二篇の続きものエッセイを一本にまとめて「ねずてん物語」としたもの。もとは随筆集『釣山河』に収録されている。ここでも、ウソのようなホントなような、卓抜な話術が存分に発揮されている。

始まりは紀州の竜神温泉で、浴場で一緒になった山仕事の湯治客の話にある。「このあたりで、アメノウオの尺物がはしけりゃ、狐か狸に持って来させるのがいい。ネズミのてんぷらと引きかえにするのだ」とそのおっさんはいった。狐狸はそれが欲しいばかりに、紙幣でも尺物の魚でも何でも持って来る、というわけだ。

ねずてん、すなわちネズミのてんぷらである。狐狸がねずてんを異様に好むことを、素石は前から聞き知っていたので、日高川上流の小森谷で実行してみようと思うのである。

着物の絵付師の先生でもあり、山釣りの先生でもある秋郁先生をまきこんで、初秋の一日、京都から持っていったネズミを、山奥でてんぷらにあげる。

狐狸がどんな姿をしてか不明だが、出てきたてんぷらを欲しいといったら、「尺のアメノウオを持ってこーい！」と断固として叫ぶ。彼らは、何としてもねずてんが欲しいから、どうするのか知らないが、尺アマゴをぶらさげてくるに違いない。この地方では、アマゴをアメノウオというようだ。

ネズミは次々にてんぷらとなって、石ころの上に並べられた。と、そのあたりから、素石も秋邨先生も猛烈な眠気に襲われ、頭から血が引いて前のめりに倒れそうになる。

それでどうなったか、結果は書かないでおこう。結びの一節でいう。温泉で頭に手拭をのせて「ねずてん」の効力を教えてくれた中老の山人夫は、ひょっとすると、護摩の壇山から出て来た古狸であったかも知れない、だとさ。

○髙橋 治(一九二九～二〇一五年)

秘伝(『秘伝』講談社文庫)

「秘伝」は中篇小説で第九十回直木賞の受賞作である。二人のタイ釣り名人が主役で、釣りをまっこうから描いた作品が直木賞というのもめずらしい。

長崎県の、長崎半島は茂木の漁師・永渕良造と、西彼杵《にしそのぎ》半島は式見の漁師・岸浪庸助の二人が出会い、共に式見の海にいるイシナギ(イシアラ)の、それも巨大化した怪魚を釣ろうとする。

岸浪は七十五歳、足の膝から下を少年時に脊椎カリエスのために失っているし、永渕は六十一歳、戦争に出て被弾して片足の足首から下がない。いまでいえば共に身体障害者だが、近辺に隠れもないタイ釣りの名人である。岸浪が永淵を呼んで、二人がその魚を仕留めようとする。魚は巨大であるばかりでなく、恐ろしく頭脳が働くやつで、姿は見せるがかんたんに鉤（一〇センチの特注もの）にはかからない。

その戦闘のような釣りの合間に永淵良造の、名人と呼ばれるようになるまでの複雑な経歴が語られる。父親の清次が並ぶものなしといわれる名人で、息子への態度が風変わりできびしかった話が、伝説のように語られるのだ。

イシナギの巨魚も、いってみれば一つの伝説である。それを追う二人の名人漁師も伝説的な存在。ヘミングウェイの『老人と海』などを思いあわせると、小説家はつくづく海を伝説化するのを好むんだなあ、と思ってしまう。

といっても、釣りを知らないでそうするのではない。髙橋治は自らを海育ちというほど、少年時代から千葉の海に親しみ、長じてはクロウトはだしの釣り師になった。そういう作家が、全力をこめて、怪魚を描いてみせたのである。おもしろい。

あとがき

雑誌『Fishing Café』の二〇〇六年秋号から二〇一九年春号まで、巻頭のエッセイを連載した。その通しタイトルを「約束の川」としたのである。

この「約束の川」という言葉には、自分なりの思い入れがあった。僕の釣りに関する最初のエッセイ集『イワナの夏』（一九八七年刊）の、最後に置いたのが「約束の川」という一篇だった。

この本を読んでくださった作家の日野啓三さんが、感想を書いた長い手紙をくださったのだが、とりわけ「約束の川」への共感のようなものが記されてあって、僕は感激した。そして、釣りという遊びの世界の文章を書くことが、必ずしも無意味ではないと、勝手に思ったりしたのであった。

雑誌の連載が終って、通しタイトルにした「約束の川」を一冊の本のタイトルにすることに、ちょっと特別な思いがあるのは、そうしたいきさつによっている。

けっして短くはなかった連載は、編集担当の遠藤昇さんに一貫してつきあっていただいた。この機会に厚く御礼を申しあげる。

この本の「II　きのうの谷」では、少し長めのエッセイをまとめてある。一篇の書き下しをのぞいて、すべて雑誌『Fly Rodders』に掲載したものである。この雑誌は残念ながら休刊になってしまったが、編集長だった鈴木幸成さんは山と溪谷社に移り、それを機縁にこの本を編集してくださることになった。僕としては二重の厄介をおかけすることになって二重の感謝の思いであると申しあげるほかはない。

さらにいうと、「I　約束の川」にちりばめられている写真は、鈴木さんの撮影したものである。本を美しくすることができて、うれしいことだった。

二〇二〇年　立春の日に

湯川　豊

初出一覧

I　約束の川

■三月の雪　『Fishing Café』2015. 春 vol.50（シマノ、以下同じ）「花の彩」を改題

■別天地を求めて　『Fishing Café』2015. 秋 vol.51

■幻の川　『Fishing Café』2016. 冬 vol.52「流れが幻になる」を改題

■養沢の春　『Fishing Café』2014. 春 vol.47

■夏の川のかなた　『Fishing Café』2014. 秋 vol.48「二つの夏の川」を改題

■花のおもかげ　『Fishing Café』2016. 春 vol.53「花と渓流魚の物語」を改題

■鳥のいる水辺で　『Fishing Café』2016. 秋 vol.54

■ニジマスがいる　『Fishing Café』2017. 冬 vol.55「わがニジマス物語」を改題

■水の味について　『Fishing Café』2017. 春 vol.56

■失われた川　『Fishing Café』2017. 秋 vol.57「失われた川の話」を改題

■雲さだめ　『Fly Rodders』2016秋号（地球丸、以下同じ）「「雲さだめ」ということ」を改題

■風、雨、雪　『Fishing Café』2018. 冬 vol.58「風、雨、雪、そして魚たち」を改題

■銀の雨　『Fly Rodders』2017秋号

■長い長い夕暮れ　『Fly Rodders』2018春号

■「護岸王」とは何か　『Fly Rodders』2019春号「護岸を好むもの」を改題

■春のひと　『Fishing Café』2018. 春 vol.59「春に思い出す顔」を改題

■約束の川、ふたたび　『Fishing Café』2019. 春 vol.52「生きている川」を改題

II　きのうの谷

■庄内ヤマメ探検隊　『Fly Rodders』2015夏号（地球丸、以下同じ）
■花のなかのアマゴ　『Fly Rodders』2015春号「花のなかのアマゴ」と『Fly Rodders』2017秋号「四国の春を追って」を一篇に修正
■晩夏の流れに立って　『Fly Rodders』2016夏号「晩夏、谷と魚がささやくとき」を改題
■少しだけ怖い話（書き下し）
■さよなら、次の春まで　『Fly Rodders』2014年11月号

III　先行者たち

■幸田露伴
■瀧井孝作
■佐藤惣之助（書き下し）
■井伏鱒二
■今西錦司『Fishing Café』2016. 春 vol.53（シマノ、以下同じ）
■開高 健『Fishing Café』2020. 冬 vol.64
■この一篇を読もう（書き下し）
幸田露伴、瀧井孝作、井伏鱒二の三篇は2010年4月から6月、共同通信社の連載「文人釣り師列伝」による

本書は初出の稿に、著者が加筆、修正しています

湯川 豊（ゆかわ・ゆたか）一九三八年、新潟市生まれ。文芸評論家、エッセイスト。一九六四年、慶応義塾大学文学部卒業、同年株式会社文藝春秋に入社。『文學界』編集長、同社取締役・編集総局長などを経て、二〇〇三年退社。東海大学および京都造形芸術大学教授を歴任。二〇〇九年『須賀敦子を読む』（新潮社）で読売文学賞受賞。著書に『イワナの夏』『夜明けの森、夕暮れの谷』（いずれもちくま文庫）、『ヤマメの魔法』（筑摩書房）、『須賀敦子を読む』（集英社文庫）、『植村直己　夢の軌跡』（文春文庫）、『星野道夫 風の行方を追って』（新潮社）、『大岡昇平の時代』（河出書房新社）など多数。

デザイン＝草薙伸行（PLANET PLAN DESIGN WORKS）
校正＝鳥光信子　編集・写真＝鈴木幸成（山と溪谷社）

約束の川

二〇二〇年四月五日　初版第一刷発行

著者　湯川 豊
発行人　川崎深雪
発行所　株式会社　山と溪谷社
郵便番号　一〇一―〇〇五一
東京都千代田区神田神保町一丁目一〇五番地
https://www.yamakei.co.jp/

■乱丁・落丁のお問合せ先
山と溪谷社自動応答サービス　電話〇三―六八三七―五〇一八
受付時間／十時～十二時、十三時～十七時三十分（土日、祝日を除く）
■内容に関するお問合せ先
山と溪谷社　電話〇三―六七四四―一九〇〇（代表）
■書店・取次様からのお問合せ先
山と溪谷社受注センター　電話〇三―六七四四―一九一九
ファクス〇三―六七四四―一九二七

フォーマット・デザイン　岡本一宣デザイン事務所
印刷・製本　株式会社暁印刷
定価はカバーに表示してあります

Printed in Japan ISBN978-4-635-04870-5

人と自然に向き合うヤマケイ文庫

既刊

加藤文太郎 新編 単独行
山野井泰史 垂直の記憶
佐瀬 稔 残された山靴
ラインホルト・メスナー ナンガ・パルバート単独行
大倉崇裕 生還 山岳捜査官・釜谷亮二
山と溪谷 田部重治選集
羽根田 治 ドキュメント 生還
本多勝一 日本人の冒険と「創造的な登山」
新田次郎 山の歳時記
丸山直樹 ソロ 単独登攀者・山野井泰史
船木上総 凍る体 低体温症の恐怖
谷 甲州 単独行者《アラインゲンガー》 新・加藤文太郎伝 上／下
佐野三治 たった一人の生還
植村直巳 北極圏1万2000キロ
コリン・フレッチャー 遊歩大全
深田久弥選集 百名山紀行 上／下
井上 靖 穂高の月

既刊

白石勝彦 大イワナの滝壺
甲斐崎 圭 山人たちの賦
甲斐崎 圭 第十四世マタギ 松橋時幸一代記
田口洋美 新編 越後三面山人記
根深 誠 白神山地マタギ伝 鈴木忠勝の生涯
根深 誠 山棲みの記憶
高桑信一 タープの張り方 火の熾し方
山本素石 山釣り
山本素石 新編 溪流物語
戸門秀雄 溪語り・山語り
芦澤一洋 アウトドア・ものローグ
芦澤一洋 山女魚里の釣り
矢口高雄 マタギ
戸川幸夫・作 矢口高雄・画 野性伝説 羆風／飴色角と三本指
田中康弘 山怪 山人が語る不思議な話
萱野 茂 アイヌと神々の物語

新刊

湯川 豊 約束の川